Der *perfekte* Pflanzendoktor

Der perfekte Pflanzendoktor

Steven Bradley

EDITION XXL

Erstveröffentlichung in Großbritannien 2003
unter dem Titel „What's wrong with my plant?"
by Hamlyn Octopus,
part of Octopus Publishing Group Ltd,
2–4 Heron Quays, Docklands,
London E14 4JP

Genehmigte Lizenzausgabe
EDITION XXL GmbH
Industriestraße 19
64407 Fränkisch-Crumbach 2020
www.edition-xxl.de

Übersetzung: Elisabeth und Alfred Liebl

Layout, Satz und Umschlaggestaltung:
design cat GmbH

ISBN 978-3-89736-258-1

Inhalt

Einführung

Ah, wie schön ist doch so ein Garten! Ein Ort, an dem Sie nach einem langen, harten Arbeitstag die Seele baumeln lassen können, während Ihr Blick über den grünen Rasen, die üppigen Blumenbeete, die Obstbäume und den Gemüsegarten wandert.

Ein schönes Bild. Aber entspricht es auch der Wirklichkeit? Fällt unser Blick nicht vielmehr auf Pflanzen, die aus unerfindlichen Gründen Löcher in den Blättern haben, während andere sich merkwürdig verfärben und eine dritte Gruppe gar einzugehen scheint. All das ist nicht Ihr Fehler: Sie haben mit Ihrem Garten nur einfach ein Festmahl für eine Vielzahl von Organismen geschaffen, die sich von Pflanzen ernähren. Wenn Sie das tröstet: Die Schädlinge, Pilze und Bakterien befallen Pflanzen auch in freier Wildbahn, doch ein Garten mit seinen gesunden, kraftstrotzenden Pflanzen bietet ihnen sehr viel bessere Lebensbedingungen. Wenn man dann noch die Schnelligkeit betrachtet, mit der manche Schädlinge sich vermehren, kann es nicht mehr verwundern, dass der Garten darunter massiv leidet.

Wenn Sie mit solchen Attacken fertig werden wollen, müssen Sie zunächst einmal wachsam sein (um die Gefahr sofort zu erkennen). Sie müssen schnell reagieren (um die Pflanzen zu schützen, bevor sie eingehen) und dabei Ausdauer zeigen (denn eine Behandlung ist meist nicht genug, um alle Generationen von Schädlingen abzuwehren). Meist kommt der Erfolg mit der Erfahrung. Das beste Rezept ist ohnehin die gute Kenntnis des eigenen Gartens. Welche Farbe zeigt eine bestimmte Pflanze, wenn sie gesund ist? Wie wächst sie? Wie sieht sie in den verschiedenen Wachstumsstadien aus? Wenn Sie wissen, wie eine gesunde Pflanze aussieht, fällt Ihnen sofort auf, wenn sie zu welken beginnt oder Missbildungen zeigt. Dann können Sie auch sofort reagieren. Bis Sie allerdings dieses Stadium der Meisterschaft erreicht haben,

kann einige Zeit vergehen. Daher ist der beste Ersatz für gärtnerische Erfahrung immer noch ein gutes Buch, das die Symptome beschreibt und Sie informiert, welche Ursachen es dafür geben könnte. Natürlich kommen wir nicht ohne Ratschläge für mögliche Behandlungsweisen aus, sodass Sie auswählen können, welche Sie in Ihrem Garten zur Anwendung bringen möchten.

Um erkrankte Pflanzen zu behandeln, müssen Sie Ihr Gartenhäuschen nicht bis zum Rand mit Chemikalien füllen. Eine Clematis kann schließlich nicht lesen, und wenn Sie ihren Mehltaubefall mit einem Fungizid für Rosen behandeln, wird sie Ihnen darob nicht gram sein. Ständiges Updaten der Gesetze zum Thema Pflanzenschutz führt dazu, dass bekannte Mittel aus den Regalen der Gartencenter verschwunden sind, weil neue, verbesserte Präparate auf uns warten. Die Hersteller jedenfalls bemühen sich, die Präparate ständig zu optimieren. Daher werden die einzelnen Mittel im Buch mit ihrem wichtigsten Inhaltsstoff aufgeführt, den Sie auf dem Etikett finden. Dieser ändert sich nämlich nur selten. Allerdings basieren viele der neuen Produkte auf natürlichen Fettsäuren statt auf synthetischen Chemikalien. Sie sind genauso effektiv wie die alten Mittel, haben aber weniger Nebenwirkungen. Das ist besser für Umwelt und Nützlinge. Mittlerweile steht auch dem Bio-Gärtner ein schönes Arsenal an Mitteln zur Verfügung, mit denen er sowohl Nahrungs- als auch Zierpflanzen vor dem Befall durch Schädlinge und Krankheiten schützen kann.

Dieses Buch möchte Ihnen einen Überblick über alle Probleme geben, die Ihre Pflanze haben kann. Darüber hinaus gibt es Ihnen Tipps, wie Sie diese Schwierigkeiten schnell und effizient beheben. Denn die Chancen stehen gut, dass irgendwelche Schädlinge oder Krankheiten Ihre Pflanzen attackieren, die Sie noch nie gesehen haben, ganz egal, ob Sie nun im Gärtnermetier zu den Einsteigern oder zu den Profis gehören. Der Klimawandel sorgt dafür, dass die Probleme wandern. Regionen, die früher für manche Schädlinge unbewohnbar waren, erweisen sich für sie vielleicht mittlerweile als Paradies.

Meist glauben wir, gesunde Pflanzen seien der Normalzustand. Da wir unseren Garten nicht regelmäßig kontrollieren, reagieren wir häufig zu spät.

Die Tatsache, dass die Winter kürzer werden, bedeutet auch, dass Schädlingspopulationen nicht mehr durch Kälte dezimiert werden. Einige Insekten sind mittlerweile sogar in den Wintermonaten aktiv, sodass sie sich in der Wärme der ersten Frühlingstage häufig schon explosionsartig entwickeln.

Der Schlüssel zum Erfolg ist vor allem die richtige Identifikation des Schädlings, denn bestimmte Schadbilder können ganz unterschiedliche Ursachen haben. Helle Flecken auf den Blättern zum Beispiel können von der Spinnmilbe ebenso kommen wie von einem Nährstoffmangel oder einer Viruskrankheit. Nur wenn Sie das Problem korrekt erkennen, können Sie es bereits im Anfangsstadium richtig und gezielt behandeln.

Wir werden das Problem hier jedenfalls von beiden Seiten angehen: Wir erläutern, welche verschiedenen Problemkreise es im Pflanzenschutz gibt und was deren Ursachen sind. Dann aber werden wir ausgehend vom Schadbild auf die Ursache und die beste Behandlungsmethode zu schließen versuchen.

Mit diesem Buch können Sie in den Garten gehen, wenn Sie ein Problem erkannt haben. Greifen Sie ruhig zum Vergrößerungsglas und vergleichen Sie die Schäden mit den Fotos im Buch. Meist allerdings ist die Diagnose auch ohne Lupe möglich.

Ihr Garten wird nie ganz frei von vielen ungebetenen Gästen sein, doch zumindest werden Sie in Zukunft wissen, wie Sie mit diesen umzugehen haben.

Was ist ein Schädling?

„Schädling" nennen wir lebende Organismen, die sich von Pflanzen ernähren oder ihnen auf andere Weise Schaden zufügen, ob nun ein paar Blätter durch Verbiss geschädigt werden oder die ganze Pflanze dabei kaputtgeht. Größere Schädlinge wie Schnecken oder Hasen fressen sich durch die Pflanzenwelt. Die von ihnen angerichteten Schäden sind leicht zu identifizieren. Andere sind sehr viel kleiner. Zu dieser Gruppe gehört der größte Teil der Schädlinge: Insekten und ihre nahen Verwandten. Sie sind auf der Pflanze nicht immer leicht zu identifizieren, weil sie ihre Schäden manchmal sozusagen in ihren Jugendstadien anrichten: Larven, Raupen, Engerlinge sehen nicht unbedingt so aus wie das erwachsene Tier, das aus ihnen hervorgeht.

Wie die Pflanze geschädigt wird, hängt vor allem von den Fressgewohnheiten der Tiere ab, obwohl manchmal die gesamte Pflanze in Mitleidenschaft gezogen wird, vor allem wenn eine ganze Population sich von einer einzigen Pflanze ernährt.

Schädlinge ernähren sich ganz unterschiedlich:

- Sie schaben das Oberflächengewebe ab (Schnecken).
- Sie saugen den Pflanzensaft aus (Läuse).
- Sie fressen sich durch Blätter (Raupen und Trauermücken).
- Sie graben sich in Gängen durch die Blätter. (Miniermotte).
- Sie höhlen Stamm und Wurzeln aus (Weidenbohrer – *Cossus cossus* – und Gemeiner Schnellkäfer – *Athous haemorrhoidalis*, sowie die Agriotes-Arten).

Andere Schädlinge haben es eher auf Früchte und Samen abgesehen. Dann legen die erwachsenen Tiere ihre Eier meist in der Nähe solcher Pflanzen, damit die Jungen es nicht weit zum Futternapf haben.

Bei der Gallwespe zum Beispiel (*Biorhiza pallida*) entstehen an der Pflanze enorme Auswüchse (die Gallen). In diesem Fall hat der Schädling ein abnormes Zellwachstum verursacht. Manche Wanzen sondern giftige Stoffe ab, die bei der Pflanze zum Absterben der betroffenen Teile führen (so bei der Behaarten Wiesenwanze – *Lygus rugulipennis* – und der Grünen Futterwanze – *Lygocoris pabulinus*).

Andere Schädlinge fügen den Pflanzen indirekt Schaden zu, indem Sie Bakterien, Pilz- oder Viruskrankheiten übertragen. So nimmt man beispielsweise beim Feuerbrand an, dass die Bakterien von Vögeln auf die gesunden Pflanzen übertragen werden. Das Ulmensterben ist nach neuesten Erkenntnissen einem Käfer geschuldet, dem Ulmensplintkäfer (*Scolytus spp*.). Die Grüne Pfirsichblattlaus (*Myzus persicae*) überträgt eine Reihe von Viren von befallenen auf gesunde Pflanzen.

Wenn sie in großer Zahl auftreten, können Raupen eine Pflanze in nur wenigen Tagen kahl fressen.

Der Dompfaff oder Gimpel ist ein hübscher, leicht zu erkennender Vogel, doch stürzt er sich in kalten Wintern nur zu gerne auf Obstbäume, um deren Knospen zu fressen.

Schädlinge, die sich von den Wurzeln der Pflanzen ernähren, verursachen Langzeitschäden. Ihre Fraßwunden werden zur Einfallsstelle für Bakterien oder Pilze, die im Erdreich vorhanden sind und die gesunden Wurzeln gar nicht befallen könnten.

Manchmal sind Fraßschäden leicht zu erkennen, der zugehörige Schädling allerdings ist nicht aufzufinden. Die Raupen des Holzbohrers (*Zeuzera pyrina*) hinterlassen neben ihren Fraßlöchern Sägemehl. Manche Insekten, vor allem Läuse, hinterlassen süße Ausscheidungen auf den Pflanzen (Honigtau), auf denen sich schnell rußartige Schwärzepilze ansiedeln.

Einige der größeren Schädlinge können Ihren Pflanzen schnell schweren Schaden zufügen.

Wild und Hasen beispielsweise knabbern Jungtriebe an. Graue Eichhörnchen und Wild reißen häufig auch große Stücke aus der Rinde von Bäumen und Sträuchern, was zum Absterben großer Pflanzenteile führen kann. Meist sind diese Schäden auch nicht auf Pflanzenfraß zurückzuführen.

Maulwürfe und Füchse beispielsweise graben Löcher und Gänge in den Rasen, weil sie auf der Suche nach Beute, nach Käfern und Engerlingen, sind. Das schlimmste Beispiel ist hier der Maulwurf, der auf seiner Suche nach Regenwürmern wirklich jedem Rasen den Garaus macht. Alles völlig unabsichtlich, denn das Gras interessiert den bepelzten Bergarbeiter kein bisschen.

Was ist ein Schädling? 9

Was ist eine Pflanzenkrankheit?

Eine Pflanzenkrankheit ist ein Schadensbild an einer Pflanze, das von einem Fremdorganismus wie Bakterien, Pilze oder Viren verursacht wurde. Pflanzenkrankheiten schädigen die Pflanze und können bis zum völligen Absterben führen. Manchmal wird eine solche Krankheit von einem Schädling übertragen, zum Beispiel von Läusen, Älchen (Nematoden) oder Splintkäfern. Manchmal ist es auch nur ein Spritzer Wasser, der seine tödliche Bakterienfracht auf der Pflanze ablädt. Die Krankheit ist nicht immer sichtbar. Zuweilen macht sie sich in farblichen Veränderungen bemerkbar, wie dies bei der Blattfleckenkrankheit der Fall ist. Typische Symptome für eine Pflanzenkrankheit sind farbliche Veränderungen, Welke und Wuchsstörungen.

Einige Pilze können sogar riesige Bäume töten. Beim Ulmensterben hat ein einziger Pilz ganze Landschaften verändert.

● Pilze

Pilzkrankheiten sind die verbreitetste Form der Pflanzenkrankheiten. Es heißt, dass es über 100 000 verschiedene Pilze gibt, wobei nicht alle als Parasiten auf Pflanzen leben. Gewöhnlich teilt man Pilze in drei verschiedene Kategorien ein, je nachdem, wie sie mit ihrem „Wirt" verbunden sind.

- Obligate Parasiten müssen auf einem lebendigen Wirt leben – wie zum Beispiel der Erreger der Kohlhernie (*Plasmodiophora brassicae*). Sie können den Stoffwechsel der Wirtspflanze empfindlich stören, töten die Pflanze aber nur selten völlig ab, weil sie sich damit ja selbst schaden würden.
- Obligate Saprophyten ernähren sich nur von totem Pflanzenmaterial und stellen für gesunde Pflanzen gewöhnlich keine Bedrohung dar.
- Fakultative Parasiten leben entweder auf toten oder auf lebenden Pflanzen – wie zum Beispiel der Rotpustelpilz (*Nectria cinnabarina*), der gewöhnlich zuerst abgestorbene Triebe befällt und langsam ins gesunde Gewebe vordringt, wobei er die Pflanze auf Dauer zerstört, um sich dann wieder vom toten Gewebe zu ernähren.

● Bakterien

Bakterien, die an Pflanzen Schäden anrichten, sind eher selten. Vermutlich gibt es davon nicht einmal 2000 Arten. Einige von ihnen haben allerdings einen absolut durchschlagenden Effekt auf die Pflanze. Die Symptome von bakteriellen Pflanzenkrankheiten sind sehr unterschiedlich in der Erscheinungsform. Manche sind nicht einmal besonders gravierend. Im Allgemeinen aber werden Gesundheit und Wuchs der Pflanze beeinträchtigt, in manchen Fällen geht sie gar ein. Wie schnell und stark sich die Krankheit ausbreitet, hängt vom Wetter, den Wachstumsbedingungen und der Gesundheit der Pflanze zum Zeitpunkt des Befalls ab. So kann beispielsweise ein gesunder Baum zwar eine bakterielle Infektion mit Blütenbrand aufweisen, doch die Infektion breitet sich nicht ins gesunde Gewebe aus. Bakterielle Infektionen verschlimmern sich recht schnell, wenn das Klima heiß und feucht ist. Dann vermehren sich diese Organismen in Windeseile.

● Viruskrankheiten

Unter Viruskrankheiten versteht man eine ganze Reihe von Erkrankungen wie zum Beispiel den Befall mit Mycoplasmen, Phytoplasmen, viroiden und viralen Organismen. Diese können einer Pflanze schwer zusetzen. Die Gruppe pathogener Organismen umfasst durchweg echte Parasiten, weil sie einen Wirt brauchen, um sich zu entwickeln. Sie werden Teil ihrer Wirtspflanze und leben mehr in ihr als auf ihr, wie Pilze und Bakterien dies tun. Bedauerlicherweise macht sie gerade dies schwer zu behandeln, weil sie die Pflanze quasi von innen her schädigen.

Viruskrankheiten können auf verschiedene Arten übertragen werden. Am häufigsten jedoch geschieht dies durch die Übertragung von Pflanzensaft befallener Organismen auf gesunde. Das passiert natürlich, wenn saugende Schadinsekten wandern, aber auch, wenn wir selbst unsere Pflanzen beschneiden. Achten Sie also darauf, dass Ihr Werkzeug immer peinlich sauber ist.

Typische Symptome von Viruskrankheiten sind Wachstumsstörungen, Flecken auf den Blättern und blasse Markierungen auf Blüten. Einige Rosen entwickeln, wenn sie von Viren befallen werden, sogar grüne Blütenblätter. Welches Virus in einer Pflanze aktiv ist, lässt sich außerhalb eines Labors nicht immer mit Bestimmtheit sagen, weil ein einziges Virus an unterschiedlichen Pflanzen verschiedene Symptome verursachen kann.

Manche Pilze führen zu merkwürdigen Wachstumsstörungen wie zum Beispiel gallenähnlichen Verwachsungen an der Wirtspflanze.

Was ist eine Pflanzenkrankheit? 11

Was versteht man unter Kulturfehlern?

Kulturfehler sind Schäden, die auf schlechte Pflege zurückgehen. Auch sie können Verwachsungen oder das Absterben einer Pflanze verursachen. Wenn sie nicht korrekt erkannt werden, sorgen sie sogar mit einiger Sicherheit dafür, dass die betroffene Pflanze eingeht. Dies sind einige mögliche Kulturfehler:

• zu wenig oder zu viel oder nur sporadische Bewässerung
• zu wenig oder zu viel oder nur sporadische Nährstoffgaben
• zu wenig oder zu viel Licht
• zu heiß oder zu kalt
• schlechte Wachstumsbedingungen
• schlechte Standortbedingungen
• schlechte atmosphärische Bedingungen

Jeder dieser Faktoren kann – ebenso wie eine Kombination aus mehreren – Schäden an der Pflanze verursachen. Wie sich der Schaden zeigt und vor allem, wie lange er anhält, hängt im Wesentlichen davon ab, wie weit er von den natürlichen Wachstumsbedingungen der Pflanze abweicht.

● Standortprobleme

Pflanzen, deren Ansprüche an Bewässerung, Nahrung, Licht und so weiter nicht erfüllt werden, müssen noch nicht unbedingt ungesund aussehen (wenn man sie nicht mit Pflanzen vergleicht, die unter den richtigen Bedingungen wachsen dürfen). Doch die Pflanze wird in der Folge Angriffen von Schädlingen oder Pflanzenkrankheiten weniger Widerstand entgegenzusetzen haben.

Meist haben Pflegefehler etwas mit dem Wässern zu tun. Pflanzen bestehen zu über neunzig Prozent aus Wasser. Sie brauchen Wasser für all ihre Lebensfunktionen. Daher ist zu wenig Wasser (Trockenheit, die zum Welken

und Absterben der Pflanze führt) oder zu viel Wasser (Staunässe, welche dafür sorgt, dass in der Erde kein Platz mehr für Sauerstoff bleibt) schon deshalb schädlich, weil die Wurzeln entweder vertrocknen oder verfaulen, was ein Absterben der Pflanze zur Folge hat.

Auch andere Umwelteinflüsse bestimmen in hohem Maße, ob die Pflanze gesund ist oder nicht. Extreme Temperaturen belasten die meisten Pflanzen, ob es sich nun um Hitze oder Kälte handelt. Wir alle kennen Frostschäden an unseren Gartenpflanzen, doch auch zu hohe Temperaturen beeinträchtigen den Pflanzenwuchs, da die meisten Pflanzen bei Temperaturen deutlich über dreißig Grad Celsius wichtige Stoffwechselvorgänge nicht mehr ausführen können. Im Extremfall kann direktes Sonnenlicht zum Beispiel dafür sorgen, dass an neu gepflanzten Bäumen die Rinde reißt.

Auch hohe Windstärken können, vor allem wenn der Wind stets aus einer Richtung bläst, zu Windbruch führen. Dies gilt zwar gewöhnlich als Winterproblem, doch auch wenn die Pflanze voller Früchte oder Blüten steht, brechen mitunter die Triebe ab, vor allem nach heftigen Regenfällen, bei denen das Wasser in Früchten und Blüten die Triebe nach unten zieht.

Nicht winterharte Pflanzen werden durch die Temperatursprünge im Frühjahr und Herbst in Mitleidenschaft gezogen. Frostschäden sind der häufigste Klimaschaden an Pflanzen.

Nährstoffmangel führt zur Entfärbung der Blätter, Mangelwachstum und sogar zum Absterben der gesamten Pflanze, wenn er nicht erkannt und behoben wird.

● Mangelnde Nährstoffversorgung

Auch Nährstoffmangel kann einer Pflanze Schaden zufügen. Damit ist vor allem der Mangel an bestimmten Salzen gemeint, welche die Pflanze zum gesunden Gedeihen braucht. Die wichtigsten Nährsalze sind:

- Stickstoff, Phosphor (Phosphate) und Kalium (Kaliumkarbonat), die Hauptnährstoffe einer Pflanze, die in großen Mengen gebraucht werden;
- Bor, Calcium, Chlor, Kupfer, Eisen, Magnesium, Mangan, Molybdän, Natrium, Schwefel und Zink, die in wesentlich kleineren Mengen gebraucht und daher als Spurenelemente bezeichnet werden.

Alle Pflanzen brauchen dieselben Nährstoffe, die benötigte Menge allerdings hängt von der Erde und den Klimabedingungen ebenso ab wie vom Pflanzentyp.

Um das Ganze noch komplizierter zu machen, treten die Wirkstoffe miteinander in Wechselwirkung. Gibt man zum Beispiel einer Pflanze wie der Tomate zu viel Kalium, leidet sie bald unter Magnesiummangel. Auch wenn wir ein Problem schnell beheben wollen, indem wir der Pflanze vermehrt Dünger zuführen, schaffen wir damit nur neue Schwierigkeiten. Bei Kartoffeln zum Beispiel führt übermäßige Düngerzufuhr dazu, dass die Haut der Knollen zu dünn wird. Dann wird die Oberfläche der Pflanze rau und knotig, was das Aussehen enorm beeinträchtigt.

Doch Nährstoffmangel wird erst sichtbar, wenn er schon ziemlich weit fortgeschritten ist. Dann kommt es zu Geilwuchs oder zu Veränderungen der Blattfarbe, mitunter auch zur Sprosswelke. Unter Umständen macht sich der Nährstoffmangel auch in geringem Frucht- bzw. Blütenansatz bemerkbar. Tomaten beispielsweise reagieren auf Calciummangel mit Blütenendfäule. Bei Äpfeln sorgt die durch Calciummangel begründete Stippigkeit dafür, dass die Lagerqualität stark nachlässt. Leider treten diese Symptome meist erst auf, wenn der Nährstoffmangel schon recht lange bestanden und die Pflanze längst in Mitleidenschaft gezogen hat.

Was versteht man unter Kulturfehlern? 13

Umwelteinflüsse bei Krankheiten und Schädlingen

Viele der Krankheiten und Schädlinge, die Ihre Pflanzen befallen, sind schon seit langer Zeit im Garten zu Hause. So fällt eine kleine Population von Schädlingen meist gar nicht auf. Zahlreiche Krankheiten und Schädlinge verbringen den größten Teil des Jahres im Ruhezustand.

Einige Krankheitsfaktoren können bis zu fünfundzwanzig Jahre in diesem Zustand verbleiben, wenn sich zum Beispiel kein passender Wirt anbietet oder die Umweltbedingungen den Schädling nicht aktiv werden lassen.

● Umwelteinflüsse und Pflanzenkrankheiten

Viele Krankheitserreger oder Pathogene brauchen die richtigen Umweltbedingungen, um sich erfolgreich entwickeln zu können. Welche dies sind, hängt ganz vom Pathogen ab. So tauchen zum Beispiel Echter und Falscher Mehltau

Pilzsporen können monatelang inaktiv auf einer Pflanze leben, bevor sie durch ideale Umweltbedingungen zum Leben erwachen. Dann entwickeln sie sich relativ schnell und infizieren mit ihren zahllosen Sporen auch die umstehenden Pflanzen.

niemals zusammen auf einer Pflanze auf, weil sie unter völlig unterschiedlichen Umweltbedingungen gedeihen.

Fäulnisbakterien beispielsweise brauchen feuchte Luft rund um Blätter und Zweige. Dazu noch kleine Wunden in der Rinde oder an den Jungtrieben, damit ihr Eintritt ins System der Pflanze erleichtert wird.

Pilze, die **Wucherungen** verursachen, brauchen Feuchtigkeit an Laub und Zweigen sowie Wunden in der Rinde bzw. frische Schnittstellen zum Eindringen. Die Krankheit breitet sich stärker aus, wenn Wassermangel herrscht.

Falscher Mehltau braucht feuchte Luft, wenig Luftzug und verrottende Pflanzenteile in der Nähe. Er breitet sich zu jeder Jahreszeit aus.

Echter Mehltau braucht durch Wassermangel gestresste Pflanzen (verursacht durch Trockenheit oder unregelmäßiges Gießen). Die Blätter sollten ein klein bisschen feucht sein. Daher breitet sich die Krankheit vorzugsweise im Hochsommer oder Herbst aus. Am anfälligsten sind die jungen, zarten Triebe.

Die **Blattfleckenkrankheit** stellt sich vor allem ein, wenn die Pflanzen unter schlechten Wachstumsbedingungen und Nährstoffmangel leiden. Voraussetzung für das Eindringen der Erreger ist ein feuchter Film auf den Blättern.

Wurzelfäule kennt verschiedene Auslöser. Meist steht die Pflanze dabei unter Stress (vor allem bei Honigschwammbefall) oder bekommt zu wenig Wasser (die Phytophthora-Arten). Die Erreger dringen meist durch kleine Verletzungen an der Wurzel ein.

Rost kommt vor allem vor, wenn die Pflanze unter Wassermangel leidet (durch Trockenheit oder unregelmäßiges Gießen), am Morgen aber die Blätter feucht sind. Die Krankheit tritt hauptsächlich im Sommer auf.

Virenbefall setzt immer voraus, dass eine Übertragung von Pflanzensaft stattfindet. Das geschieht, wenn Insekten, Menschen oder andere Umwelteinflüsse die Oberfläche der Pflanze auf irgendeine Weise verletzen. Ideal für das Virus ist es, wenn die Pflanze sich im Wachstum befindet.

Die **Welke** setzt Feuchtigkeit an Blättern und Stamm voraus. Die Erreger dringen durch minimale Verletzungen oder durch Beschnittwunden ein.

● **Umwelteinflüsse und Schädlinge**
Die meisten Schädlinge brauchen warmes Wetter, Pflanzen in der Wachstumsphase, wenige Fressfeinde und eine üppige Nahrungsquelle, um sich erfolgreich vermehren zu können.

Läuse bevorzugen Pflanzen in der Wachstumsphase und milde Temperaturen. Sie befallen vorzugsweise bereits geschädigte Pflanzen, die zum Beispiel unter Trockenheit gelitten haben.

Käfer fressen sich durch weiches und hartes Material gleichermaßen, da sowohl Jung- als auch Alttiere starke Kauwerkzeuge besitzen. Sie schätzen mildes Wetter und die Möglichkeit, irgendwo unterzuschlüpfen.

Schmetterlinge und Nachtfalter stellen eigentlich kein Problem dar, doch ihre Larven sind ausgesprochen gefräßig. Da sie keine starken Kauwerkzeuge besitzen, stürzen sie sich mit Vorliebe auf weiche Pflanzenteile wie Blätter. Sie schätzen mildes Wetter und einen Unterschlupf.

Älchen (Nematoden), ob sie nun vom Boden aus oder an der Oberseite der Pflanze angreifen, schätzen einen leichten Feuchtigkeitsfilm über der Wirtspflanze.

Larven von Fliegen und Mücken brauchen große Mengen Futter und ernähren sich häufig von weichen Pflanzenteilen wie Früchten, weil sie keine besonders ausgeprägten Kauwerkzeuge besitzen. Sie schätzen mildes Wetter und einen Unterschlupf.

Milben ernähren sich vorzugsweise von Pflanzen in der Wachstumsphase und bevorzugen warmes, trockenes Klima.

Woll- und Schmierläuse schätzen Pflanzen im Wachstum sowie warmes Wetter.

Nacktschnecken und Gehäuseschnecken mögen es kühl und feucht. Außerdem brauchen sie zum Wandern einen feuchten Film über der Boden- bzw. Pflanzenoberfläche. Normalerweise werden sie nur nach milden Wintern und in besonders nassen Jahren zum Problem.

Thrips siedelt sich vorzugsweise auf Pflanzen in der Wachstumsphase an, die wegen großer Trockenheit oder anderen Kulturfehlern unter Stress stehen.

Asseln gedeihen in warmem, feuchtem Klima und schätzen besonders verrottende Pflanzenteile.

Chemische Pflanzenschutzmittel: Wie sie funktionieren

Eigentlich nimmt man an, dass eine Chemikalie, die zur Kontrolle von Pflanzenkrankheiten oder Schädlingen eingesetzt wird, das Problem beseitigt. Leider ist das nicht immer der Fall, weil Chemikalien sowohl in der Anwendung als auch in der Wirkungsweise recht unterschiedlich sein können.

Ein Pestizid ist ein chemischer Stoff, der eingesetzt wird, um schädliche Fremdorganismen zu beseitigen. Darunter stellt man sich zunächst einmal nur Insekten, Milben und Nematoden vor, doch mittlerweile wird der Begriff auch auf Organismen wie Pilze oder Unkraut angewandt. Daher fasst man Fungizide, Herbizide und Abschreckungspräparate unter dem Begriff „Pflanzenschutzmittel" zusammen.

Meist wirken Pflanzenschutzmittel durch Kontakt mit dem Schädling. Dies ist auf zweierlei Weise möglich:

• direkte Anwendung, wobei nur eine Schädlingsart angesprochen wird (was gar nicht so einfach ist, wenn es um winzige Organismen geht), oder
• indirekte Anwendung, indem man das Mittel dort aufbringt, wo die Schädlinge sich nähren oder vermehren.

Alle auf diese Weise eingesetzten Pflanzenschutzmittel nennt man **Kontaktmittel**. Andere Mittel werden der Pflanze selbst verabreicht, sodass sie sie über Wurzeln bzw. Blätter aufnimmt. Auf diese Weise zirkulieren sie mit dem Pflanzensaft. Solche Mittel nennt man „systemische Pflanzenschutzmittel". Sie töten Insekten, wenn diese den Saft einsaugen oder sich von den Blättern ernähren. Systemische Mittel wirken meist länger als Kontaktmittel und bleiben in der Pflanze für mehrere Monate aktiv.

Kontaktmittel wirken unmittelbar und sind insofern effektiver als vorbeugender Pflanzenschutz. Sie sollten jedoch schon angewandt werden, wann immer Sie ein Problem vermuten, also noch bevor die Symptomatik in vollem Ausmaß sichtbar wird. Dies gilt vor allem für Pilzkrankheiten, die in Ihrem Garten beispielsweise schon im Vorjahr aufgetaucht sind. Wenn Sie die Pflanze bereits besprühen, wenn die Sporen mit ihr gerade in Kontakt kommen, werden diese sehr effektiv an der weiteren Vermehrung gehindert. Bei systemischen Mitteln werden die Sporen abgetötet, wenn sie in die Pflanze eindringen.

Anders die Wirkungsweise jener Pflanzenschutzmittel, die gegen beißende Insekten eingesetzt werden. Einige von ihnen greifen das Nervensystem der Schädlinge an, andere (Fraßgifte) setzen ihr Gift im Magen frei, weshalb sie von den Insekten erst gefressen werden müssen, damit sie wirken können. Es gibt aber auch Mittel mit subtilerer Wirkungsweise, zum Beispiel, indem der Appetit des Schädlings unterdrückt wird. Dann hungert sich das Tier allerdings zu Tode.

Obwohl der Trend längst weg vom chemischen Pflanzenschutz geht, hat dieser doch auch seine Vorteile. So können Sie mit Primicarb-basierten Produkten beispielsweise den Läusebefall unter Kontrolle bringen, wohingegen Nützlinge wie Marienkäfer, die sich von Läusen ernähren, unbehelligt bleiben.

Bitte vergessen Sie nicht, dass Chemikalien an sich nicht das Mittel der Wahl für den Pflanzenschutz sind. Entscheidend für das Gedeihen Ihrer Pflanzen sind in erster Linie die Wachstumsbedingungen und gute Hygiene.

● Resistenz

Leider wurden manche Pflanzenschutzmittel so exzessiv eingesetzt, dass die Schädlinge dagegen resistent wurden, was bedeutet, dass der Wirkstoff ihnen nichts mehr anhaben kann. Da dies vergleichsweise schnell geschieht, sollten Sie auch im eigenen Garten die eingesetzten Mittel immer wieder variieren. Überprüfen Sie bei

Viele Gärtner haben sich mittlerweile schon daran gewöhnt, im Garten Pflanzenschutzmittel zu spritzen, um gesündere Pflanzen heranzuziehen.

jedem Mittel, das Sie kaufen, mit welchem Hauptwirkstoff es arbeitet. Sie müssen nämlich den Wirkstoff variieren, nicht das Mittel.

● **Persistenz**

Persistenz nennt man die Geschwindigkeit, mit der ein Pflanzenschutzmittel abgebaut wird, also seine Wirksamkeit verliert. Sie hängt von mehreren Faktoren ab:

• Sonneneinstrahlung
• Substrattyp (wenn das Mittel auf der Erde aufgebracht wird)
• Temperatur
• chemische Struktur des Pflanzenschutzmittels

Einige Chemikalien wie beispielsweise DDT sind so persistent, dass sie sich über Jahre hinweg in der Umwelt anreichern. Aus diesem Grund hat man ihren Gebrauch verboten und sie durch besser abbaubare Produkte ersetzt.

Fast alle momentan auf dem Markt erhältlichen Mittel bleiben etwa drei Wochen lang wirksam, wobei sie sich für Kinder, Haustiere und

Nützlinge als unschädlich erweisen, sobald sie von der Pflanze aufgenommen wurden oder auf den Blättern getrocknet sind. Da jedoch keine Chemikalie wirklich sicher ist, sollten Sie immer vorher genau die Gebrauchsanweisung studieren.

Moderne Pflanzenschutzmittel werden von den Herstellern ständig in Versuchsgärten geprüft und verbessert, sodass die in den Regalen der Gartencenter erhältlichen Mittel eigentlich immer auf dem neuesten Stand sind. Dadurch geht leider oft auch die Vielfalt der Wirkstoffe verloren, sodass es leichter zu Resistenzen kommt.

Stäubemittel erlauben die lokale Bekämpfung von Blattkrankheiten.

Chemischer Pflanzenschutz: Anwendungsformen

Pflanzenschutzmittel kommen in einer Reihe von Darreichungsformen auf den Markt, weil nur so die unterschiedlichen Anwendungsbereiche abgedeckt werden können. Auf diese Art und Weise wird das Problem schnell und effektiv gelöst.

Anwendungsform nennt man die Art, in der das Mittel angewandt wird – ob als Gas, als Pulver oder als Flüssigkeit.

● Aerosole

Das Gemisch aus Treibgas, Luft und flüssigem Pflanzenschutzmittel legt einen dünnen Tröpfchenschleier über die Oberfläche der Pflanze. Wegen der schädlichen Effekte der Treibgase setzt man sie heute nicht mehr so gerne ein wie früher.

● Köder

Hier werden Pflanzenschutzmittel in Pulverform mit Stoffen gemischt, die den Schädling anlocken. Der Schädling frisst den Köder oder nimmt ihn – wie im Fall der Ameisen – mit in den Bau, wo er dann die künftigen Generationen tötet.

● Stäubemittel

Pflanzenschutzmittel in fester Form werden mit einem unschädlichen Trägerstoff zu einem Pulver vermischt, das eine korrekte Dosierung des aktiven Inhaltsstoffes erlaubt. Sie werden mithilfe eines Zerstäubers angewandt, der einen feinen Staubfilm über die Pflanze oder deren Umgebung bläst. Unglücklicherweise ist diese Staubschicht immer zu sehen.

Flüssige Spritzmittel sind die verbreitetste Form des Pflanzenschutzes. Tragen Sie bei der Anwendung nach Möglichkeit Schutzkleidung.

Räuchermittel

Ein Räuchermittel sollte nur in geschlossenen Räumen angewandt werden. Gewöhnlich wird der Wirkstoff auf brennbares Material wie Papier oder Karton aufgebracht. Beim Abbrennen des Stoffes wird das Mittel dann frei.

Eine andere Möglichkeit ist das Aufbringen auf einer warmen Oberfläche, die das Mittel verdampfen lässt.

Granulat

Das Mittel wird zu Pulver verarbeitet, das man dann mit einem Trägerstoff zu gröberen Körnern presst. Diese werden mit einer Oberflächenversiegelung umgeben, die, wenn das Granulat in die Erde eingearbeitet wird, über einen gewissen Zeitraum hinweg den Wirkstoff freigibt. Granulate werden vor allem für Substratschädlinge eingesetzt. Dasselbe Prinzip wird angewandt, wenn man Karton so mit dem Wirkstoff imprägniert, dass dieser nur langsam ans Erdreich abgegeben wird.

Gießmittel

Gießmittel ähneln den Spritzmitteln. Sie enthalten den Wirkstoff in flüssiger Lösung, sind aber gewöhnlich stärker konzentriert als Spritzmittel, weil die Flüssigkeit ja über die Wurzeln aufgenommen und vom Erdreich verdünnt wird.

Bewurzelungspulver

Das Pulver enthält ein Pflanzenhormon, das zur Ausbildung von Wurzelmasse an Wurzelschnittstellen anregt. Häufig ist auch ein Fungizid enthalten, das den Schnitt vor Pilzbefall schützt.

Samenüberzug

Hier wird Pulver zu einer Paste gerührt, mit der man die Samen überzieht. Inhaltsstoffe sind meist Fungizide und Insektizide, welche die Jungpflanzen während der Keimung vor bestimmten Krankheiten und Schädlingen schützen sollen.

Spritzmittel

Das Spritzen ist die am weitesten verbreitete Art, Pflanzenschutzmittel auszubringen. Einige der Mittel sind sogar fertig als Spray zu kaufen. Achten Sie darauf, dass das Spray keine Treibgase enthält. Das Pflanzenschutzmittel wird als feiner flüssiger Film auf die Pflanze aufgebracht. So entsteht ein dünner, gleichmäßiger Überzug, der die ganze Pflanze einhüllt. Bei systemisch wirkenden Mitteln ist dies allerdings nicht von Bedeutung. Werden solche Mittel konsequent eingesetzt, helfen sie meist schnell, das zu Grunde liegende Problem zu beseitigen.

Sicherheit

- Bewahren Sie Chemikalien immer sicher und unter den richtigen Lagerbedingungen auf. Ideal ist ein frostfreier, gut durchlüfteter Raum ohne direkte Sonneneinstrahlung. Temperaturschwankungen und helles Licht beeinträchtigen die Wirksamkeit des Mittels.

- Achten Sie stets darauf, dass die Pflanzenschutzmittel nicht in die Hände von Kindern fallen können. Am besten bewahren Sie Ihr Instrumentarium in einem verschlossenen Schrank auf. Lassen Sie die Mittel in ihrer Originalverpackung, damit es nicht zu Verwechslungen kommt.

- Bewahren Sie Pflanzenschutzmittel wirklich niemals in Plastikflaschen auf. Füllen Sie sie niemals in Softdrinkflaschen um. Und lassen Sie sie unter keinen Umständen herumliegen.

Biologische Pflanzenschutzmittel: Wie sie funktionieren

Biologische Pflanzenschutzmittel erfreuen sich in den letzten Jahren größter Beliebtheit. Dazu rechnet man auch Methoden zur Schädlingskontrolle beispielsweise durch Fressfeinde oder Parasiten.

Einige Schädlinge lassen sich mithilfe ihrer natürlichen Fressfeinde kontrollieren. Hier greift eine Raubmilbe eine Spinnmilbe an.

Fast alle Biogärtner sind überzeugt, dass biologischer Pflanzenschutz sicherer ist als synthetische Mittel. Richtig ist, dass biologischer Pflanzenschutz keine Bedrohung für die Umwelt darstellt. Doch auch biologische Pflanzenschutzmittel können andere Tiere in Mitleidenschaft ziehen als die, zu deren Bekämpfung sie geschaffen wurden.

Die klassischen „biologischen" Pflanzenschutzmittel wie Rotenon und Pyrethrum töten nicht nur eine Reihe von Insekten, sondern sind darüber hinaus hochgiftig für Bienen und Fische. Allerdings ist ihre Persistenz so gering, dass nach Anwendung nur minimale Spuren des Mittels in der Pflanze zurückbleiben. Gemüse, das damit behandelt wurde, kann man schon einen Tag nach dem Sprühen essen. Die sogenannte „Bordeaux-Mischung", eine Mischung aus Kupfersulfat und Calciumoxid, ist ebenfalls für Bienen und Fische schädlich. Säugetiere sollten von behandelten Gartenregionen mindestens drei Wochen lang ferngehalten werden. Wenden Sie das Mittel über einen längeren Zeitraum an, dann wird dadurch die Anzahl der Regenwürmer in Ihrem Garten drastisch reduziert.

Viele biologische Mittel ähneln in der Wirkungsweise den synthetischen Pestiziden. Sie können auftreten als

- Fraßgift, wobei die Schädlinge mit dem Mittel präparierte Pflanzenteile fressen müssen und dabei vergiftet werden.
- als Appetithemmer; dies trifft zum Beispiel auf das Bakterium *Bacillus thuringiensis* zu. Dieses wird auf Kohlblätter aufgebracht, die Raupen ernähren sich davon. Im Magen der Raupe vermehrt sich das Bakterium und raubt der Raupe den Appetit. Das Tier verhungert.
- als Kontaktgift, das die Atemlöcher verstopft, wobei der Schädling erstickt.

Einige Fungizide überziehen die Blätter der betroffenen Pflanzen, sodass diese sich künftig für das Wachstum von Pilzen nicht mehr eignen. Die Sporen verkümmern und sterben ab. Meist basieren biologische Fungizide auf Schwefel

Mit der Barrieretechnik unterbricht man den Fortpflanzungszyklus bestimmter Schädlinge. Hier wird ein Leimring als Falle für solche Insekten benutzt, die an der Pflanze hochklettern müssen, um ihre Eier abzulegen.

Darüber hinaus werden lebende Insekten (als Larven, Eier oder Alttiere) ausgebracht, um die Pflanze mit einem Bakterium, einem Pilz oder Virus zu infizieren, der den Schädling letztendlich tötet. Diese Methoden haben den Vorteil, dass sie nur auf einen bestimmten Schädling wirken. Ein gutes Beispiel sind hier Nematoden, die zur Kontrolle von Schneckenbefall eingesetzt werden. Die Älchen dringen in den Körper der Nacktschnecken ein und sorgen dort dafür, dass die Tiere eine Blutvergiftung bekommen. Auf diese Weise stirbt der Wirt und bietet den Nematoden Raum zur Vermehrung. Es entwickeln sich mehr Nematoden, die sich auf die Suche nach einem neuen Wirt machen.

Doch es gibt auch weniger blutrünstige physikalische Methoden. Bekannt sind die Klebefallen, die wir seit jeher gegen Fliegen aufstellen. Daran bleiben die Tiere kleben, bis sie vor Erschöpfung und Hunger sterben. Auf diese Weise kann man nicht nur einen Schädling, sondern eine ganze Art gezielt ansprechen, wie dies beispielsweise bei den Männchen des Apfelwicklers (*Cydia pomonella*) der Fall ist. Dabei wurde der klassische Klebestreifen weiterentwickelt. Man zieht einen Leimring rund um den Baumstamm und fängt so die weiblichen Exemplare des Kleinen Frostspanners (*Operophtera brumata*) ab. So können sie nicht mehr in den Baum kriechen, um dort ihre Eier abzulegen.

Zurzeit macht man viele Versuche, um Alternativen zu synthetischen Chemikalien zu finden, die im Pflanzenschutz eingesetzt werden können. Die meisten haben natürliche Pflanzenstoffe zur Grundlage – Knoblauch, Neem (*Azadirachta indica*), Schwefel oder gar entrahmte Milch –, die in konzentrierter oder leicht veränderter Form Insekten, Pilze und Bakterien bekämpfen helfen. Viele Gärtner glauben, dass Pflanzenstoffe die beste Grundlage für die nächste Generation von Pestiziden darstellen.

und Kupfer. Doch selbst diese werden in letzter Zeit nicht mehr so häufig eingesetzt, weil viele Pflanzen auf Kupfersprays negativ reagieren. Einige Apfelsorten beispielsweise bekommen davon dunkle bzw. rötliche Flecken. Auch die Birnensorte „Doyenne du Comice" ist dafür besonders anfällig.

Biologischer Pflanzenschutz: Anwendungsformen

Natürlich treten auch biologische Pflanzenschutzmittel in denselben Darreichungsformen
auf wie chemische (siehe Seite 18 f.). Dazu kommen noch lebende Insekten oder Bakterien im
inaktiven oder aktiven Stadium, als Larven oder
ausgewachsene Tiere (Imago).

Wenn Sie „Lebendmaterial" benutzen, sollten Sie sich überlegen, wie Sie sicherstellen,
dass den Tieren bis zu ihrem Einsatz nichts
geschieht. Normalerweise sind lebende Tiere
nicht endlos „haltbar". Geht es hingegen um ein
einfaches Pflanzenschutzmittel, das gesprüht
oder gestäubt werden muss, brauchen Sie sich

**Nützlinge wie die Erzwespe legen ihre Eier in die
Larven der Weißen Fliege. So werden die Schädlinge im Jugendstadium getötet, eine neue Brut
wächst nicht nach.**

um die Lagerzeit keine Gedanken zu machen.
Grundsätzlich aber sollten biologische Pflanzenschutzmittel nicht zu lange gelagert werden.

● Köder
Hier werden Pflanzenschutzmittel in Pulverform
mit Stoffen gemischt, die den Schädling anlocken. Der Schädling frisst den Köder oder nimmt
ihn – wie im Fall der Ameisen – mit in den Bau,
wo er die Brut vergiftet.

● Barrieretechnik
Hier wird dem Schädling ein Hindernis in den
Weg gelegt, das er nicht überwinden kann. Es
gibt Leimringe, Schneckenzäune und vieles mehr.

● Parasiten auf Tafeln
Einige Parasiten werden im Larvenstadium auf
Tafeln geliefert. Man hängt diese Tafeln an der
Pflanze auf, möglichst dort, wo die Schädlinge
fressen. Wenn die Parasiten schlüpfen, ver-
lassen sie die Tafel und machen sich über die
Schädlinge her. Die Erzwespe beispielsweise
(*Encarsia formosa*) wird zur Kontrolle der Weißen
Fliege ausgebracht. Sie wird gewöhnlich im
Larvenstadium auf Tafeln angeboten.

● Stäubemittel
Pflanzenschutzmittel in fester Form werden mit
einem unschädlichen Trägerstoff zu einem Pulver vermischt, das eine korrekte Dosierung des
aktiven Inhaltsstoffes erlaubt. Die Mittel werden
mithilfe eines Zerstäubers angewandt, der einen
feinen Staubfilm über die Pflanze oder deren
Umgebung bläst. Unglücklicherweise ist diese
Staubschicht immer zu sehen.

● Räuchermittel
Ein Räuchermittel sollte nur in geschlossenen
Räumen angewandt werden. Gewöhnlich wird
der Wirkstoff auf ein brennbares Material wie
Papier oder Karton aufgebracht. Beim Abbrennen des Stoffes wird das Mittel dann frei. Eine
andere Möglichkeit ist das Aufbringen auf einer
warmen Oberfläche, die das Mittel dann verdampfen lässt.

● Granulat

Eier, Larven und erwachsene Tiere des tieri-
schen „Pflanzenschutzmittels" werden mit in
ein Granulat gepresst, das es erlaubt, sie gleich-
mäßig über die befallene Pflanze zu verteilen.
Die Kokons der Gallmücke (*Aphidoletes ssp.*)
zum Beispiel werden mit Vermiculite vermischt,
bevor sie versandt werden.

● Gießmittel

Gießmittel ähneln den Spritzmitteln. Sie enthalten den Wirkstoff in flüssiger Lösung, sind aber
gewöhnlich stärker konzentriert als Spritzmittel,
weil die Flüssigkeit ja über die Wurzeln aufgenommen und vom Erdreich verdünnt wird.
Gießmittel werden nicht mit Druck ausgebracht.
Man kann auch Nematoden in einer flüssigen
Lösung kaufen.

● Pheromonfallen

Eine Pheromonfalle sieht aus wie ein Zelt, dessen Boden mit Leim bestrichen ist. In der Mitte
liegt eine Kapsel mit Pheromonen, Duftstoffen,
die für die sexuelle Anziehung der Schädlinge
sorgen. Die männlichen Insekten werden alle
gefangen und getötet. Man benutzt Pheromonfallen mitunter auch, um den richtigen Zeitpunkt
für die Spritzung mit einem anderen Mittel fest-
zulegen: dann nämlich, wenn sich besonders
viele Tiere in der Pheromonfalle fangen.

● Spritzmittel

Das Spritzen ist die häufigste Art des Pflanzen-
schutzes. Einige der Mittel sind sogar fertig als
Spray oder als mit Flüssigkeit anzumischendes
Pulver (häufig bei Bakterien) zu kaufen. Das
Pflanzenschutzmittel wird als feiner flüssiger
Film auf die Pflanze aufgebracht. So entsteht
ein dünner, gleichmäßiger Überzug, der die gan-
ze Pflanze einhüllt.

● Leimfallen

Tafeln in leuchtenden Farben mit einem nicht
trocknenden Leimüberzug werden aufgehängt
(die Farbe ist je nach Schädling unterschiedlich),
auf denen sich die Tiere fangen und mehr oder

**Mit Pheromonfallen lassen sich Schädlings-
populationen wirksam kontrollieren.**

weniger zu Tode strampeln. Gelbtafeln beispielsweise wirken gegen die Weiße Fliege. Den nicht
trocknenden Leim gibt es auch ohne Tafeln.
Er wird zum Beispiel wirkungsvoll in Fallen
gegen Ameisen, Asseln und Dickmaulrüssler
eingesetzt.

● Fallen

Man kann eine ganze Reihe von Gefäßen zu
Fallen umfunktionieren. Mithilfe eines Köders
ziehen sie die Schädlinge an, sodass sie danach
beseitigt werden können. Den Ohrwürmern
bietet man mit strohgefüllten Tontöpfen oder
Schüsseln eine attraktive Ruhestätte, um sie
hinterher zu entsorgen.

Biologische Schädlingskontrolle

Obwohl wir die biologische Schädlingsbekämpfung für etwas sehr Modernes halten, wird sie in China schon seit mehr als 1700 Jahren eingesetzt. Dort benutzte man Ameisen zur Kontrolle der Schädlinge an den Zitruspflanzen. Die Gärtner hängten lange Bambusstäbe in die Bäume, damit die Ameisen von Baum zu Baum wandern konnten, ohne auf den Boden zurückkehren zu müssen.

Hier wird der Schädling mithilfe seines natürlichen Feindes unter Kontrolle gehalten, sodass die Population der Schadinsekten kein Problem mehr darstellt. Korrekt gehandhabt wirkt sich biologische Schädlingskontrolle nicht negativ auf die Umwelt aus. Auch der Gärtner selbst leidet nicht unter unerwarteten Nebenwirkungen. Die Nützlinge werden gezielt ausgesucht, um ganz bestimmte Schädlinge oder Schädlingsgruppen zu kontrollieren. Der „Breitbandeffekt", den chemische Mittel haben, ist hier unbekannt.

Obwohl biologische Schädlingsbekämpfung zunehmend populärer wird, beschränkt sie sich auch heute noch auf etwa zwei Prozent aller Maßnahmen zur Schädlingsbekämpfung. Das mag daran liegen, dass es immer noch vergleichsweise wenige gibt. Letztlich können wir von drei verschiedenen Methoden sprechen: Parasiten, Fressfeinde und Pathogene Stoffe.

● Parasiten

Parasiten brauchen ihren Wirt, den Schädling, um ihren eigenen Fortpflanzungszyklus zu vollenden. Die parasitierende Erzwespe (*Encarsia formosa*) legt ihre Eier in die Larven der Weißen Fliege. Wenn die Eier zu Larven werden, fressen diese sich durch den Wirt und töten ihn so.

Parasit	Schädling
Zwergwespe (*Anagrus atomus*)	Rebzikade
Schlupfwespe (*Aphidius colemani*)	Blattlaus
Schlupfwespe (*Dacnusa sibirica*)	Minierfliege
Schlupfwespe (*Diglyphus isaea*)	Minierfliege
Erzwespe (*Encarsia formosa*)	Weiße Fliege
Schlupfwespe (*Metaphycus helvolus*)	Schildlaus
Schlupfwespe (*Opius spp.*)	Minierfliege

● Fressfeinde

Fressfeinde ernähren sich von dem betroffenen Tier in einem oder mehreren Stadien seines Lebenszyklus. Die Raubmilbe (*Phytoseiulus persimilis*) frisst die Eier und die erwachsenen Tiere der Spinnmilbe. Im Augenblick werden vor allem Raubmilben, Fliegen und Käfer zur biologischen Schädlingsbekämpfung eingesetzt.

Fressfeind	Schädling
Raubmilbe (*Amblyseius spp.*)	Thrips
Gallmücke (*Aphidoletes spp.*)	Läuse
Australischer Marienkäfer (*Cryptolaemus montrouzieri*)	Wolllaus
Käferart (*Delphastus spp.*)	Weiße Fliege
Raubmilbe (*Hypoaspis miles*)	Trauermücke
Raubmilbe (*Phytoseiulus persimilis*)	Spinnmilbe

● **Pathogene Stoffe**

Wie alle anderen Lebensformen, so ziehen auch Schadinsekten bzw. -organismen sich Krankheiten zu. Diese wiederum kann der Gärtner nutzen, um seine Schädlingspopulationen zu kontrollieren.

Das Bakterium *Bacillus thuringiensis* zum Beispiel wird über die Blätter von Kohlpflanzen gesprüht, um dort von Raupen aufgenommen zu werden. Bei diesen wiederum wirkt es als Appetitzügler, der die Tiere zu Tode hungern lässt.

Andere Bakterien oder Viren werden den Schädlingen mithilfe von Älchen (Nematoden) verabreicht. Wenn die Älchen mit dem Schädling in Kontakt kommen, übertragen sie den pathogenen Stoff, der dann die Schadpopulation abtötet. Häufig reproduzieren sich die Älchen in den toten Körpern, sodass es bald neue Älchen gibt, die wiederum ihren Wirt töten können.

Pathogener Stoff	Schädling
Heterorhabditis megidis	Dickmaulrüssler
Phasmarhabditis hermaphrodita	Schnecke
Steinernema carpocapsae	Gartenlaubkäfer
	Hausmutter
	Dickmaulrüssler
	Sumpfschnake

● **Umdenken**

Das Schwierigste an der biologischen Schädlingsbekämpfung ist zweifelsohne, dass sie ein komplettes Umdenken erfordert. Es geht beim biologischen Pflanzenschutz nicht darum, Schädlinge oder Krankheiten vollkommen auszurotten, denn wenn der Schädling erst einmal besiegt ist, hat der Organismus, der ihn zur Eiablage oder als Nahrung braucht, ebenso ausgespielt. Es geht also darum, eine möglichst kleine Population an Schädlingen auf gleichem Niveau zu erhalten, damit die ebenso kleine Population an Parasiten oder Fressfeinden ihr Werk tun kann. Auf diese Weise bleiben die

Schadorganismen unter Kontrolle. Der ewige Zyklus von Schädlingsfreiheit und übermäßigem Schädlingsbefall, wie ihn das Spritzen mit chemischen Pflanzenschutzmitteln mit sich bringt, wird so unterbunden.

Natürlich können Sie immer noch spritzen, doch nur, wenn Sie nicht gleichzeitig mit Insekten auf biologische Weise arbeiten. Spritzen Sie nicht, wenn Sie ein Raubinsekt oder Parasiten ausbringen. Pyrethrum können Sie noch vier Tage vor Einsetzen der Nützlinge ausbringen, bei Rotenon hingegen müssen Sie volle zwei Wochen warten.

Leimfallen sind zwar sehr effektiv, doch verfangen sich darin mitunter auch nützliche Insekten.

Biologische Schädlingskontrolle 25

Integrierter Pflanzenschutz

Von integriertem Pflanzenschutz (IPS) spricht man, wenn man kein Mittel ausschließt, andererseits auch nicht mit Kanonen auf Spatzen schießt, sobald ein Schädling sich in unserem Garten blicken lässt. Beim integrierten Pflanzenschutz greift der Gärtner zwar zum Mittel seiner Wahl, wird jedoch auch vorbeugend tätig, zum Beispiel durch

- Kulturmaßnahmen wie die Zucht resistenter Sorten, Aufrechterhaltung der Pflanzenhygiene und Pflanzung von einander gut ergänzenden Arten,
- biologisch-organische Maßnahmen wie natürliche Pestizide, Leimfallen und Barrieretechniken,
- rein biologische Maßnahmen wie das Ausbringen von Fressfeinden oder Parasiten,
- chemische Maßnahmen wie den Einsatz synthetischer Pflanzenschutzmittel, wo nötig.

Gartenhygiene

Darunter versteht man in erster Linie die Kontrolle von Unkräutern. Viele dieser mitunter recht schönen Pflanzen bieten nämlich Schädlingen einen idealen Aufenthaltsort:

- Schwarzer Nachtschatten (*Solanum nigrum*) wird von Nematoden befallen, die auch Auberginen, Tomaten, Paprika und Kartoffeln infizieren können.
- Vogelmiere (*Stellaria media*) ist die Heimstatt der Spinnmilbe und der Weißen Fliege.
- Gemeines Kreuzkraut (*Senecio vulgaris*) ist ein idealer Nährboden für verschiedene Rostarten, Mehltau und Sauginsekten wie Thrips und Läuse.

Eine Möglichkeit ist es, in der Nähe von Pflanzen, die häufig von bestimmten Schädlingen befallen werden, solche Pflanzen anzusäen, die als Heimstatt der natürlichen Feinde dieser Schädlinge gelten können, beispielsweise Marienkäfer, Florfliegen und Salzkäfer.

Mit Mulch können Sie Feuchtigkeit länger im Boden halten, was die Pflanze vor Trockenheitsproblemen bewahrt. Auch Bewässerungssysteme tragen hierzu bei. Auf diese Weise wird die Pflanze vor dem Echten Mehltau geschützt.

Beschneiden Sie Ihre Pflanzen regelmäßig, damit die Luft im Innern der Pflanze gut zirkulieren kann. Auch der Zeitpunkt des Beschneidens will gut überlegt sein. Kirsch- und Pflaumenbäume sowie andere Prunus-Sorten sollten beispielsweise im Sommer beschnitten werden, damit sie nicht vom Bleiglanz befallen werden.

Alle kranken und befallenen Pflanzenteile sollten Sie verbrennen. Keinesfalls dürfen sie auf den Kompost wandern, wo sie weiter gedeihen.

Nutzen Sie auch die Fruchtfolgezyklen, um zu verhindern, dass sich bestimmte Krankheitserreger im Boden anreichern.

Wo immer möglich sollten Sie Pflanzen mit möglichst hoher Krankheits- und Schädlingsresistenz pflanzen. So gibt es beispielsweise schon ausgezeichnete Karottensorten, die gegen die Möhrenfliege immun sind. Außerdem sollten Ihre Pflanzen möglichst gut zum Standort passen. Wenn Sie in einer sehr regnerischen Gegend leben, sollten Sie Apfel- und Birnensorten auswählen, die gegen Schorf resistent sind wie die Birne „Louise, Bonne de Jersey". In trockeneren Gegenden hingegen brauchen Sie mehltauresistente Sorten wie den Dessertapfel „Meridian". Die Birne „Conference" zum Beispiel eignet sich gut für kühlere Regionen.

Kontrollieren Sie Ihre Insektenpopulation aktiv mithilfe von Leimfallen und Barrieretechniken. Auf diese Weise müssen Sie nur dann spritzen, wenn es absolut nötig ist. Sollte dies jedoch der Fall sein, dann wählen Sie exakt das Mittel, das Sie brauchen, und wenden Sie es an, bevor der Befall seinen Höhepunkt erreicht. Wenn Sie essbare Pflanzen ziehen

Wenn Sie integrierten Pflanzenschutz betreiben, müssen Sie nur sehr wenige Chemikalien einsetzen, um Ihren Garten sauber zu halten.

und kurz vor der Ernte stehen, dürfen Sie ausschließlich biologische Mittel einsetzen.

● **Begleitpflanzen**

Auch durch die richtige Wahl der Begleitpflanzen können Sie den Befall mit Schädlingen oder Krankheiten verhindern, entweder

- indem die Begleitpflanzen den Schädling bzw. die Krankheit auf sich ziehen oder
- indem sie den Schädling bzw. die Krankheit abwehren.

Nutzpflanze	Begleitpflanze
Äpfel	Goldlack
Dicke Bohnen	Karotten, Sellerie
Kohl	Rote Bete, Mangold
Salat	Karotten, Rettich
Kartoffeln	Kapuzinerkresse, Tagetes
Himbeere	Tagetes
Rose	Knoblauch, Schnittlauch
Erdbeere	Borretsch, Zwiebel
Sonnenblume	Gurke, Mais
Tomaten	Basilikum, Karotten

Spritzen

Beim Spritzen sollten Sie Folgendes beachten: Richten Sie sich immer genau nach der Anweisung auf der Packung Ihres Spritzmittels. Tragen Sie Schutzkleidung. Spritzen Sie am späten Abend, wenn Bienen und andere Nützlinge weniger aktiv sind. Behandeln Sie nur die befallenen Pflanzen und Pflanzenteile sowie die unmittelbar angrenzenden Regionen.

Die zehn häufigsten Schädlinge

Mit den zehn häufigsten Schädlingen sind natürlich ganze Schädlingsgruppen gemeint, und zwar jene, die sich am erfolgreichsten an die Bedingungen in unseren Gärten angepasst haben. Hierzu zählen alle Insekten, die

• wir besonders häufig antreffen,
• die meisten Pflanzen befallen,
• am meisten Schaden anrichten
• und am schwierigsten unter Kontrolle zu bekommen sind.

Diese Insektengruppen haben sich ihrer Umwelt gut angepasst. Sie kommen sowohl im Garten als auch im Haus, Gewächshaus und Frühbeet vor.

Ein Beispiel für solch einen Schädling ist die Schwarze Bohnenlaus (*Aphis fabae*), deren Befall man problemlos mit bloßem Auge erkennt. Es handelt sich um kleine, schwarze Insekten, die sich gewöhnlich an den Spitzen junger Sprosse zeigen. Dieser sehr oft anzutreffende Schädling verbreitet sich schnell, sodass innerhalb kürzester Zeit mehrere Generationen die Population vermehren. Unter Idealbedingungen, das heißt ohne natürliche Feinde, bringt ein einziges Weibchen innerhalb von drei Monaten 2 Billiarden (2 000 000 000 000 000) Junge zur Welt. Aus diesem Grund allerdings hat die Schwarze Bohnenlaus auch viele natürliche Feinde. Die hohe Mortalitätsrate in einer Generation sorgt dafür, dass der Befall keine epidemischen Ausmaße annimmt.

Mit Schädlingsbefall fertig zu werden ist vor allem eine Frage der Zeit und der Wachsamkeit, denn die größte Schwierigkeit liegt darin, den Befall frühzeitig zu erkennen. Sobald die Pflanze erste Anzeichen von Stress zeigt, ist der Befall schon weit fortgeschritten und der Schädling vermutlich schon in großer Anzahl vorhanden. Daher sollten Sie Ihre Pflanzen gut kennen und sie regelmäßig kontrollieren. Symptome wie Farbveränderungen an den Blättern, Wuchsfehler an den Knospen oder Welke (wenn Sie richtig gewässert haben) sind nämlich relativ früh auszumachen.

Achten Sie möglichst auch auf Erscheinungen, die Ihnen den Befall mit Schädlingen anzeigen können, zum Beispiel auf Ameisen, die Pflanzenstiele erklettern. Da sie meist Ausscheidungen anderer Schädlinge nutzen, sind hier nicht die Ameisen das Problem.

Andere Schädlinge wie die Larven des Dickmaulrüsslers verstecken sich unter den Wurzeln der Pflanze, sodass sie zunächst unbemerkt bleiben, bis die Pflanze tatsächlich Anzeichen von Stress zeigt. Am liebsten nisten sich diese Schädlinge in Topfpflanzen ein, weil sie für das erwachsene Tier leicht zu erklettern sind und ein etwas trockeneres Substrat bieten als der Boden. Die meist lehmfreie Topfpflanzenerde ist für den

Die Blattlaus gehört zu den gefürchtetsten Fraßschädlingen.

Dickmaulrüssler wesentlich leichter durchzupflügen. Es ist meist ein Schock, wenn man die Pflanze aus dem Topf nimmt, um nachzusehen, was ihr fehlen könnte, und feststellen muss, dass so gut wie keine Wurzeln mehr vorhanden sind.

Bevor Sie dann in Aktion treten, sollten Sie den Schädling identifiziert haben. Viele Insekten sind nämlich völlig harmlos, wenn nicht sogar nützlich für den Garten. Sie auszurotten wäre falsch, da gerade die Nützlinge häufig kleinere Schadinsekten jagen. Sehen Sie genau nach, bevor Sie sich an die Bekämpfung eines vermeintlichen Schädlings machen.

● Ameisen

Die Familie der Ameisen umfasst viele verschiedene Unterarten, die alle Probleme im Garten verursachen können. Meist jedoch sind sie eher lästig, gefährlich werden sie selten. Die drei Hauptarten sind: Schwarze Ameise (*Lasius niger*), Rote Ameise (*Myrnica spp.*) und Gelbe Wiesenameise (*Lasius flavus*). Diese Insekten leben in Nestern, wobei sie Kolonien unterschiedlicher Größe bilden, die für mehrere Jahre zusammenbleiben, zumindest solange die Ameisenkönigin lebt.

Das erste Anzeichen, dass Sie Ameisen im Garten haben, sind meist verwelkte Blätter. Das liegt daran, dass die Ameisen unterhalb der Pflanzen graben, um sich dort ein Nest zu bauen. Da sie dabei das Substrat wegschaffen, vertrocknet ein Teil der Wurzeln. Gerade auf sandigem Substrat wird dies leicht zum Problem.

Auch auf Pflanzen, die von zahlreichen Blatt-, Woll- oder Schmierläusen befallen sind, sieht man häufig Ameisen. Sie sammeln dort den Honigtau, die süßlichen Ausscheidungen der Tiere, um die Ameisenlarven damit zu füttern. Die Aktivität der Läuse schwächt die Pflanze ohnehin schon. Dummerweise werden die „Milchkühe" der Ameisen von diesen auch noch vor ihren natürlichen Feinden beschützt. So wächst die Läusepopulation immer mehr heran und vermehrt sich schneller als unter normalen Bedingungen.

Ein weiteres Ärgernis für den Gärtner sind die Erdhügel im Rasen, die über einem Ameisennest sitzen. Obwohl dies dem Rasen auf den ersten Blick nicht zu schaden scheint, kann die Erde doch Schaden nehmen, wenn der Rasenmäher darüberrollt, da die Krume aufgerissen wird. Wenn die Erdhügel nicht beseitigt werden, bilden sie bei feuchtem Wetter kleine Sockel, von denen das Wasser abrinnt, sodass das Gras nicht mehr wächst. So werden leicht kahle Stellen daraus.

Das Hauptnest der Ameisen liegt häufig unter dem Pflaster von Wegen und Terrassen, sodass man nur schwer Zugang findet, wenn man die Ameisen beseitigen möchte.

● Älchen (Nematoden)

Älchen, die man korrekt Nematoden oder Faden-würmer nennt, sind winzige wurmähnliche Ge-schöpfe, die manchmal nicht einmal einen Milli-meter lang werden. Sie spielen eine große Rolle beim Aufspalten organischer Materie im Boden. Einige sind als Pflanzenschädlinge einzustufen. Sie verursachen Missbildungen an Blättern und Trieben. Früchte und Blüten werden kaum noch hervorgebracht. Am Ende stirbt die befallene Pflanze meist ab. Einige von den Älchen leben in der Wirtspflanze und fressen sie von innen her auf, besonders bei Zwiebelpflanzen. Andere leben zwar in der Erde, ernähren sich jedoch von den Wurzeln der Pflanze. Zu dem Schaden, den sie als Fressschädlinge direkt anrichten, kommt noch die Gefahr der Übertragung von Viruskrankheiten, weil die Älchen häufig Pflan-zensaft übertragen. Eine Reihe von erdlebenden Älchen wie die Xiphenema-Arten überleben jahrelang als Eier in der Erde. Larven schlüpfen nur dann aus, wenn sich eine passende Wirtspflanze in der Nähe ansiedelt. Die Xiphenema-Älchen ernähren sich von Pflan-zenwurzeln, ohne sich in ihnen einzunisten.

Rübenkopfälchen (*Ditylenchus dipsaci*) befal-len Spross und Zwiebel von Pflanzen, während Wurzelgallenälchen wie die Meloidogyne-Arten Gallen an den Wurzeln verursachen. Sie befallen so unterschiedliche Pflanzen wie Erdbeeren, Narzissen, Zwiebeln, Phlox und viele andere Pflanzen. (Man hat bislang über 800 Wirtspflan-zen gezählt.) Der Chrysanthemen-Fadenwurm (*Aphelenchoides ritzemabosi*) und die Kartoffel-zysten-Nematode (*Globodera rostochiensis*) sind hingegen auf bestimmte Wirtspflanzen spezia-lisiert. Alle Nematoden brauchen eine feuchte Umgebung, ob sie sich nun in der Erde oder auf den Blättern bewegen.

● Blattläuse

Es gibt zahllose Blattlausarten, die sich vom Saft der Pflanzen ernähren. Nur wenige Pflanzen sind dagegen immun. Blattläuse können grün, gelb, schwarz, grauweiß, rosarot oder braun sein. Sie messen etwa 2–5 mm in der Länge, doch das hängt von ihrer Hauptfutterpflanze ab. Die Nymphen werfen ihre Außenhaut mehrmals ab, während sie heranwachsen. Diese durch-sichtigen oder weißlichen Häute bleiben an der Oberseite der Blätter hängen. Die Tiere sitzen gewöhnlich auf der Blattunterseite, wo sie sich vom kohlehydratreichen Saft ernähren.

Einige Blattläuse ernähren sich vom Saft bestimmter Pflanzen und sind also auf diese spezialisiert. *Acyrthosiphon pisum* beispiels-weise ist auf die Erbse spezialisiert, auf der sie auch überwintert. *Maculolachnus submacula* hingegen lebt auf der Hundsrose (*Rosa canina*), ernährt sich jedoch nur von bestimmten Teilen der Pflanze, meist den Wurzeln.

Im Allgemeinen zeigen befallene Pflanzen Minderwuchs sowie verkrüppelte Blätter und Trie-be. Vor allem die zarten Triebspitzen, welche die Läuse mit ihren Mundwerkzeugen leichter durch-stoßen können, leiden darunter. Die Blattober-fläche wird häufig klebrig, was auf den Honigtau zurückzuführen ist. Nicht selten bildet sich darauf ein Belag aus Schwärzepilzen, der zwar hässlich aussieht, aber keine Bedrohung darstellt. Eine größere Gefahr liegt in der Übertragung von Virus-krankheiten durch die Mundwerkzeuge der Tiere.

Alle Blattläuse vermehren sich ungeheuer schnell, vor allem, wenn sie eine ihnen zusagende Futterquelle entdeckt haben und von Menschen bzw. natürlichen Feinden nicht gestört werden.

● Fliegen

Viele Gartenschädlinge gehören zur Familie der Fliegen, dazu zählen auch Minierfliegen und Mücken. Doch es gibt auch eine Menge Nütz-linge in dieser Gruppe.

Am schädlichsten sind wie so häufig die Larven der Tiere. Sie haben meist eine ganze Reihe von bevorzugten Futterpflanzen, wobei sie mitunter auch nur bestimmte Teile wie

Die Wolllaus trägt zu ihrem Schutz einen wachsartigen Überzug.

Samen, Früchte, Blätter, Spross oder Wurzeln befallen. Die Larven richten meist erhebliche Schaden an, da sie sich tief ins pflanzliche Gewebe hineinfressen. Meist kommen dann noch Pilzinfektionen als Sekundärkrankheiten hinzu und verschlimmern den Schaden, selbst wenn die Larven sich schon längst zurückgezogen haben.

Zierpflanzen, Gemüse, Rasen und alle Arten von fruchttragenden Pflanzen (Bäume, Sträucher und Rohr) werden von Fliegen befallen. Einige verursachen gallenartige Auswüchse wie zum Beispiel die *Contarinia quinquenotata* an der Hemerocallis oder die Eibengallmücke (*Taxomyia taxi*) an der Eibe. Viele der Minierfliegen legen ihre Eier auf die Blätter der Pflanze oder in den Boden in der Nähe der Pflanze, sodass die schlüpfenden Larven den Tisch gleich reich gedeckt vorfinden. Andere wie die Chrysanthemen-Minierfliege (*Phytomyza syngeniae*) legen ihre Eier – bis zu hundert an der Zahl – im Blatt der Pflanze ab. Die am weitesten verbreiteten Schädlinge dieser Gruppe befallen gewöhnlich nur Gemüse: die Kleine Kohlfliege (*Delia brassicae*) und die Möhrenfliege (*Psila rosae*). Die schlüpfenden Larven dieser Arten, die sich von Wurzeln ernähren, können innerhalb weniger Tage ganze Beete mit Jungpflanzen vollkommen zerstören.

● **Käfer**

Käfer sind eine der größten Gruppen von Schadinsekten. Sie sind jedoch nur schwer zu klassifizieren. Im Allgemeinen besitzen Käfer einen harten Außenpanzer. Daher zählt auch der Dickmaulrüssler zu den Käfern. Sie können nur einen Millimeter groß werden, aber auch bis zu drei Zentimeter heranwachsen. Der Großteil von ihnen ist schwarz, braun oder grau, doch es gibt auch solche mit leuchtender Farbe wie den Marienkäfer und das Lilienhähnchen.

Käfer können eine ganze Reihe von Pflanzen befallen. Der Gefurchte Lappenrüssler (*Otiorhynchus sulcatus*) befällt eine Vielzahl von Pflanzen, andere wie das Spargelhähnchen (*Crioceris asparagi*) ernähren sich nur von einer Pflanze. Manche Käfer ernähren sich nur von bestimmten Teilen einer Pflanze, weshalb man sie häufig auch nach diesen benennt wie den Apfelblütenstecher (*Anthonomus pomorum*). Einige bevorzugen Gemüsesorten wie der Kohlgallenrüssler (*Ceutorhynchus pleurostigma*), andere befallen Bäume wie der Ulmensplintkäfer (*Scolytus spp.*), der nebenbei auch noch die gefürchtete Pilzkrankheit überträgt, die für das Ulmensterben (*Ophiostoma ulmi*) verantwortlich ist.

Nicht alle Käfer sind schädlich. Einige helfen sogar, den Schädlingsbefall zu kontrollieren. Marienkäfer zum Beispiel fressen Blattläuse (obwohl sie nicht alle Unterarten vertilgen können, einige erweisen sich für die Marienkäfer als giftig). Erdkäfer ernähren sich besonders gern von der Kleinen Kohlfliege (*Delia brassicae*).

● **Milben**

Milben haben acht Beine, was sie zu Verwandten der Spinnentiere macht. Obwohl einige von ihnen zu den Schädlingen zählen, können andere zu den Nützlingen gerechnet werden. Sie suchen auf verrottenden Pflanzenresten nach Nahrung und ernähren sich von anderen Milben oder Insekten. Einige Raubmilben werden gar zur Schädlingsbekämpfung eingesetzt.

Alle messen sie weniger als einen Millimeter in der Länge und leben in großen Populationen. Sie ernähren sich von einer Vielzahl von Wirten sowohl im Haus als auch im Freien. Zu ihren möglichen Wirtspflanzen gehören Bäume ebenso wie Zwiebelpflanzen, Zierpflanzen ebenso wie Obst und Gemüse.

Im Gewächshaus stellt gerade die Spinnmilbe ein kaum zu lösendes Problem dar. Die verbreiteten Arten der Obstbaumspinnmilbe (*Panonynchus ulmi*), die Gemeine Spinnmilbe (*Tetranychus urticae*) sowie die Bryobia-Arten richten großen Schaden an.

Sie ernähren sich, indem sie den befallenen Pflanzen den Pflanzensaft aussaugen, dabei entstehen feine weiße Sprenkel auf den Blättern. Stark befallene Pflanzen zeigen dünne, weiße Gespinste an den Blättern. Sogenannte Weichhautmilben (*Tarsonemidae*) attackieren vorzugsweise Jungtriebe, Knospen und junge Blätter. Gallmilben wie zum Beispiel die Johannisbeergallmilbe (*Cecidophyopsis ribis*) sondern chemische Stoffe ab, was zum Wachstum von Gallen führt, die häufig von Milben befallen sind.

Viele Milben schätzen warmes, trockenes Wetter und können sich unter solchen Bedingungen sehr schnell fortpflanzen. Einige sind als Überträger von Virusinfektionen bekannt.

Fliegen gehören zu den am häufigsten anzutreffenden Schädlingen.

● **Nacktschnecken und Gehäuseschnecken**

Es gibt mindestens vier Arten von Nacktschnecken, die Gartenpflanzen befallen: die Schwarze Wegschnecke (*Arion ater*), die bis zu fünfzehn Zentimeter lang wird, sowie die Gartenschnecke (*Arion hortensis*) mit einer Länge von drei bis vier Zentimetern. Während der Wachstumsphase befallen sie eine ganze Reihe von Arten, vor allem, wenn der Winter mild war. Zu dieser Zeit ist die Zahl der Futterpflanzen noch begrenzt, sodass es zu enormen Fraßschäden kommen kann. Die Tiere fressen unregelmäßige Löcher in die Blätter. Triebe und Blüten werden ganz aufgefressen, vor allem, wenn sie weich sind und zum Fressen geradezu einladen. Dies trifft vor allem auf die Stiele von einjährigen Gartenpflanzen und auf Stauden zu. Doch auch bei stark verholzenden Pflanzen schlagen sie zu und nehmen sich der Jungtriebe an. Nacktschnecken richten nicht nur oberirdische Fraßschäden an, sondern verspeisen häufig auch unterirdische Pflanzen, die kurz vor dem Austrieb stehen. Ihr Farbspiel reicht von Braun über Schwarz hin zu Grau bzw. Beige.

Sie sondern einen klebrigen Schleim ab, auf dem sie über die schwierigsten Hindernisse gleiten. Dabei hinterlassen sie die charakteristischen silbrigen Schleimspuren, die den Gärtner

Schnecken wachsen sich vor allem nach milden Wintern zur Plage aus.

Bei Versuchen konnte man feststellen, dass einige Gehäuseschnecken, deren Gehäuse markiert worden war, mehrere Tage unterwegs waren, um in „ihren" Garten zurückzukommen. Sie an einem anderen Ort auszusetzen ist daher meist eine sinnlose Maßnahme.

● **Raupen**

Die Raupe ist die Larve des Schmetterlings oder Nachtfalters. Sie ernährt sich von Blättern, Trieben und Wurzeln der Pflanze. Viele Raupen haben einen langen, schlauchartigen Körper, der rillenförmig in einzelne Abschnitte unterteilt ist. Ihr Kopf ist meist klar zu erkennen. Unmittelbar hinter dem Kopf sitzen drei Paar Beinpaare am Brustkorb, weitere Beinstummel sitzen am hinteren Körper.

Es gibt unzählige Schmetterlings- und Nachtfalterarten, nur fünfzig davon zählen zu den Schädlingen. Die Raupen erreichen eine Größe von fünf Millimetern bis zu 10 Zentimetern und unterscheiden sich stark in Farbe und Behaarung (welche den Sinn hat, Fressfeinde abzuhalten). Andere wie die Tortrix-Arten und andere Nachtflügler verstecken sich unter einem silbrigen Gespinst.

Die unterschiedlichen Arten ernähren sich auch von unterschiedlichen Pflanzenteilen. Die meisten fressen die Blätter der befallenen Pflanzen. Hierzu gehört zum Beispiel der Kohlweißling (*Pieris brassicae*) oder der Kleine Frostspanner (*Operophtera brumata*). Andere wiederum leben in der Erde und ernähren sich von den Wurzeln. Einige Arten wie die Hausmutter verbringen den größten Teil ihres Lebens unterirdisch. Viele Nachtfalterlarven ernähren sich fast ausschließlich „unter Tage". Die Pyracantha-Miniermotte (Feuerdorn) lebt innerhalb des Blattes und höhlt es von innen her aus. Das Blausieb (*Zeuzera pyrina*) und der Weidenbohrer (*Cossus cossus*) bohren sich in den Spross der befallenen Pflanze. Der Apfelwickler (*Cydia pomonella*) frisst sich in die Früchte hinein, andere Raupen attackieren Beeren oder Samen. Meist treten Raupen in Gruppen auf, da das Weibchen die Eier meist nahe beieinander ablegt.

zu den bevorzugten Futterpflanzen führen. Gewöhnlich überwintern nur die Eier, aus denen im Frühjahr, wenn es warm wird, die Jungschnecken schlüpfen.

Die Gehäuseschnecke wird in vielerlei Gestalt zum Problem: als Gartenschnecke (*Helix aspersa*), als Schnirkelschnecke (*Cepaea hortensis*) oder als Hain-Bänderschnecke (*Cepaea nemoralis*). Während der Wachstumsphase befallen diese Schnecken zahllose Pflanzenarten. Sie verursachen unregelmäßige Fraßlöcher an Blättern, Spross und Blüten und suchen sich vorzugsweise Pflanzen mit weichem Gewebe wie Einjährige und Stauden aus. Man findet sie meist eher auf kalkigen Böden, weil sie nur dort das Calcium finden, das sie für ihr Gehäuse brauchen. Sie sind nachtaktiv und bevorzugen warmes, feuchtes Wetter, das ihre Fortbewegung unterstützt, da auch sie auf einer selbst produzierten Schleimschicht dahingleiten. Gehäuseschnecken leben mehrere Jahre lang und sind fähig zum Überwintern.

Forscher glauben, dass Schnecken sozusagen ein Heimatgefühl besitzen und nach Kräften versuchen, in ihren angestammten Garten zurückzukehren, wenn man sie daraus entfernt.

Das Lilienhähnchen ist ein Käfer, der sich auf Lilien spezialisiert hat.

● **Schildläuse**

Diese Pflanzensauger siedeln sich an der Unterseite junger Blätter an und befallen sowohl Pflanzen in Gewächshäusern als auch im Freien, vor allem dann, wenn diese an geschützter Stelle stehen.

Das erwachsene Insekt, das nicht mehr wächst, ist von einem weißen, gelben oder braunen Panzer bedeckt. Dieser „Schild" schützt das Tier und ist je nach Art unterschiedlich groß. Schildläuse können bis zu fünf Millimeter lang werden. Ihr Körper ist entweder völlig flach oder leicht nach oben gewölbt. Napfschildläuse (*Parthenolecanium corni* bzw. *Coccus hesperidum*) sowie die Wollschildlaus (*Pulvinaria floccifera*) sind wohl die am meisten verbreiteten Arten.

Viele Schildläuse legen ihre Eier unter ihrem eigenen Körper ab, wo sie vom Schild der Mutterlaus geschützt werden. Doch die weibliche Schildlaus bringt auch einen weißlichen, wachsartigen Überzug hervor, mit dem sie ihre Eier bedeckt. Manche Weibchen bekommen bis zu 2000 Junglarven.

Die frisch geschlüpften Larven verteilen sich über die gesamte Pflanze und suchen sich dort einen Fressplatz, an dem sie meist ihr Leben lang bleiben. Beim Fressen sondern sie eine süßliche Substanz ab, die man Honigtau nennt. Sie bleibt an den Blättern kleben und überzieht sich mit einem Schwärzepilz.

● **Wollaus**

Diese etwa vier Millimeter langen Insekten mit dem weichen Körper sind Pflanzensauger. Sie haben eine ovale Körperform, die mit weißem, wolligem Wachs überzogen ist, und werden deshalb auch als „Schmierlaus" bezeichnet. Auch die Eier tragen diesen weißen Überzug zum Schutz. Es gibt verschiedene Arten, doch die am häufigsten auftretenden sind zweifelsohne *Pseudococcus* und *Planococcus*. Wollläuse befallen eine Vielzahl von Pflanzen und stellen – gerade im Gewächshaus – meist ein enormes Problem dar.

Erwachsene und junge Tiere befallen die Pflanze zur selben Zeit. In warmem Klima haben sie das ganze Jahr über Nachwuchs. Meist befallen sie zuerst die Blattachseln und andere schlecht zugängliche Stellen an den Pflanzen wie zum Beispiel die feinen Risse in der Rinde. Die Läuse sondern einen süßlichen Saft ab, der sich auf den Blättern ablagert und häufig von einem Schwärzepilz befallen wird.

Einige Wollläuse wie die Rhizoecus-Arten ernähren sich von den Wurzeln der befallenen Pflanzen und befallen besonders gerne Zimmerpflanzen, da diese fast immer etwas trockener stehen als ihre Artgenossen im Freien.

Die Wollaus-Art mit einem spezifischen Wirt ist *Trionymus diminutus*. Sie scheint nur den Neuseeland-Flachs (*Phormium tenax*) und die Keulenlilie (*Cordyline australis*) zu befallen.

Die zehn häufigsten Schädlinge 35

Die zehn häufigsten Pflanzenkrankheiten

Auch hier umfassen die zehn häufigsten Pflanzenkrankheiten jene, die sich am besten an verschiedene Umweltbedingungen anpassen. Dabei wechseln die Top Ten von Saison zu Saison, denn grundsätzlich spielt das Wetter bei der Ausbreitung der Krankheiten eine entscheidende Rolle. Eine nasse Saison bringt andere Krankheiten mit sich als eine vergleichsweise trockene.

Das Hauptproblem bei den Pflanzenkrankheiten ist, dass sie sich meist recht langsam entwickeln und daher erst erkannt werden, wenn der Befall schon relativ weit fortgeschritten ist. Der Honigschwamm beispielsweise breitet sich zunächst nur unterirdisch aus. Dann frisst er sich unter der Borke holziger Pflanzen weiter nach oben – immer noch unsichtbar. Daher fällt ein Befall mit Honigschwamm erst auf, wenn die Pflanze scheinbar unvermittelt abstirbt. Solche Krankheiten sind nur schwer zu behandeln, doch wenn man früh einschreitet, kann die Ausbreitung verhindert werden, was zumindest die anderen Pflanzen im Garten vor Befall bewahrt.

Andere Krankheiten entwickeln sich ebenso langsam. Es werden zwar Anzeichen von Befall sichtbar, doch bis diese zum Problem für die Pflanze werden, dauert es eine Weile. Der Obstbaumkrebs zum Beispiel kann einen Baum am Ende töten. Bis es allerdings so weit ist, beeinträchtigt er höchstens seine Fähigkeit zu blühen und Frucht zu tragen. Auch hier müssen wir also einschreiten, sobald wir den Befall bemerken. Andere Krankheiten wirken auf den ersten Blick wenig gravierend – Blattfleckenkrankheiten oder die Kräuselkrankheit beim Pfirsich beispielsweise beeinträchtigen anfangs nur das Aussehen der Pflanze, doch wenn sie sich weiter ausbreiten, fügen sie der Pflanze beträchtlichen Schaden zu.

Auch Mehltau erscheint zu Beginn als rein kosmetisches Problem: ein paar Flecken auf oder unter den Blättern. Mitunter breitet die Krankheit sich gar nicht weiter aus. Doch wenn das Wetter den Wachstumszyklus des Pilzes unterstützt, befällt er bald die ganze Pflanze und raubt ihr jede Energie, sodass es unwahrscheinlich ist, dass sie den Stress des Überwinterns übersteht.

Am schwierigsten zu erkennen sind Krankheiten, die im Boden lauern, weil die Pflanze schon am Absterben ist, wenn die Krankheit sich oberirdisch zeigt. Gerade deshalb sollte man immer im Hinterkopf behalten, dass bestimmte Wetterbedingungen zum Ausbruch und zur Verbreitung einzelner Krankheiten ihr Teil beitragen. Die meisten Krankheiten, die vom Boden ausgehen, brauchen ein gewisses Quantum an Feuchtigkeit, damit sie sich ausbreiten können, was bedeutet, dass ein besonders feuchter Sommer hier gefährlich ist.

Rosenrost ist eine der gefürchtetsten Rosenkrankheiten.

Natürlich muss vor der Behandlung die korrekte Diagnose stehen. Auf diese Weise sparen Sie Zeit und Geld, weil Sie das Problem gleich an der Wurzel packen. Die gelben Sprenkel einer Viruskrankheit können zum Beispiel leicht für Zeichen eines Nährstoffmangels oder für Pilzbefall gehalten werden. Die beiden Letzteren können beseitigt werden, ein Virusbefall aber nicht. Daher kann es passieren, dass die Viruskrankheit sich schon weiter ausgebreitet hat, wenn Sie Ihren Irrtum bemerken. Denn das Virus wird von Insekten von einer Pflanze auf die andere übertragen.

Grundsätzlich gilt, dass gesunde Pflanzen ohne Nährstoffmangel eine höhere Krankheitsresistenz aufweisen als vernachlässigte oder überdüngte Pflanzen, die meist einen schwächlichen Geilwuchs zeigen. Kann die Luft rund um die Pflanze gut zirkulieren, ist die Gefahr einer Pilzerkrankung geringer.

Gut gepflegte Pflanzen scheinen ein besseres Immunsystem zu haben, wodurch sie pathogenen Stoffen mehr Widerstandskraft entgegensetzen können. Daher ist gute Pflege – regelmäßiges Beschneiden, gute Nährstoffversorgung und artgerechtes Gießen – die beste Vorbeugung für Ihren Garten.

● **Blattfleckenkrankheiten**
Flecken auf der Oberseite von Blättern werden sowohl durch Pilze als auch durch Bakterien verursacht. Gewöhnlich sind die Flecken kreisförmig, doch manche zeigen auch unregelmäßige Form. Häufig sind sie braun oder grau, nur die Rhododendron-Blattfleckenkrankheit (*Gloeosporium rhododendri*) bringt violette oder braune Flecken mit violettem Rand mit sich. Wenn die einzelnen Flecken größer werden, können sie unregelmäßige Formen bilden. In diesem Stadium ist der Befall schon so weit fortgeschritten, dass es meist zum Blattfall kommt. Dies trifft vor allem auf den Sternrußtau bei Rosen zu (*Diplocarpon rosae*).

Bakterielle Blattfleckenkrankheiten machen sich meist in Stellen mit braunem, dürrem Gewebe bemerkbar, die jedoch immer einen gelben Rand besitzen. Dies ist beispielsweise bei der Fettfleckenkrankheit der Bohne (hervorgerufen durch *Pseudomonas syringae pvar. phaseolicola*) der Fall. Einige bakterielle Blattfleckenkrankheiten weisen im Zentrum der Flecken eine feuchte Stelle auf.

Pilzinduzierte Blattfleckenkrankheiten hingegen werden als leicht eingesunkene Stelle im Blatt sichtbar, wo das Gewebe abgestorben ist.

Der Rand hingegen ist leicht erhöht, weil das Immunsystem der Pflanze versucht, die Ausbreitung der Krankheit zu verhindern. Diese Gruppe von Krankheiten umfasst eine große Zahl an Einzelerregern. Allein die Kohlfamilie kennt sechs verschiedene Pilz-Blattfleckenkrankheiten.

● **Echter Mehltau**

Dies ist vermutlich die am leichtesten zu erkennende Pflanzenkrankheit im Garten. Sie zeigt sich als weißer, pudriger Pilzrasen auf der Oberseite der Blätter. Der Rhododendron-Mehltau allerdings (*Erysiphe spp.*) macht sich in gelben Flecken auf der Blattoberseite und einem gelblichen Pilzrasen auf der Unterseite bemerkbar. Erdbeermehltau hingegen (*Sphaerotheca macularis*) zeigt sich in dunkelroten Flecken an den Blattspitzen und einem grauen Pilzrasen auf der Blattunterseite.

Der Rosenmehltau (*Sphaerotheca pannosa*) führt zu Missbildungen an Blättern und Trieben. Der Stachelbeermehltau (*Sphaerotheca morsuvae*) macht sich nicht nur in missgebildeten Blättern und vorzeitigem Blattfall bemerkbar, sondern bringt auch noch die Früchte zum Aufplatzen. Der Weinrebenmehltau (*Uncinula necator*) führt zu Schäden an Blättern, Blüten und Früchten. Seine Pilzsporen können darüber hinaus Zucchini und Kürbisse befallen. Der Apfelmehltau (*Podosphaera leucotricha*) verursacht Missbildungen an Blättern und Jungtrieben, was in späteren Jahren den Fruchtansatz erheblich beeinträchtigen kann. Diese spezielle Pilzsorte befällt darüber hinaus auch Mispeln, Birnen und Quitten, doch nicht im selben Ausmaß wie Apfelbäume.

Die Krankheit verschlimmert sich bei trockenem Wetter ganz erheblich, vor allem, wenn die Pflanzen dazu noch unter Wassermangel leiden.

● **Falscher Mehltau**

Er wird häufig mit dem Echten Mehltau verwechselt. Beide Krankheiten sind jedoch nicht verwandt und gedeihen auch unter ganz unterschiedlichen Bedingungen. Die Symptome allerdings ähneln einander.

Falscher Mehltau macht sich an der Blattoberfläche zuerst in grauen bzw. gelben Verfärbungen bemerkbar. Auf der Unterseite ist dann ein schwach violetter oder grauer Pilzrasen sichtbar. Wenn die Krankheit sich ausbreitet, entfärben sich die Blätter ganz und fallen schließlich ab. Manchmal geht die Pflanze ein.

Es gibt Erreger, die sich auf ganz bestimmte Pflanzen spezialisiert haben: *Peronospora parasitica* auf Kohl, *Bremia lactucae* auf Salat, Cinerarien, Kokardenblume und Kornblumen, *Peronospora viciae* auf Erbsen. *Peronospora sparsa* ist auf Rosen spezialisiert, in den letzten Jahren kam es zur vermehrten Ausbreitung von *Peronospora violae*, der vorzugsweise Stiefmütterchen befällt. *Peronospora grisae* befällt die Breitblättrige Hebe. Die beiden letztgenannten Pilze töten ihren Wirt innerhalb kürzester Zeit.

Dass sie sich in den letzten Jahren so sehr ausbreiten konnten, wird den milden Wintern zugeschrieben, denn Pilze verbreiten sich am schnellsten in feuchter Wärme. Trockenheit überleben sie, indem sie besonders resistente Sporen hervorbringen, die erst aktiviert werden, wenn wieder genügend Feuchtigkeit zur Verfügung steht.

● **Honigschwamm**

„Honigschwamm" ist ein Sammelname für verschiedene Armillaria-Unterarten, die durchweg Wurzelfäule verursachen. Der Honigschwamm ist eine der gefährlichsten Pilzerkrankungen im Garten. Vom Honigschwamm, auch als Hallimasch bekannt, gibt es verschiedene Varianten:

• *Armillaria mellea;* die gefährlichste Art
• *Armillaria gallica;* diese Art befällt nur unter Stress stehende Pflanzen
• *Armillaria ostoyae*, die in erster Linie Koniferen zu befallen scheint
• *Armillaria tabescens*; diese Art befällt nur totes Holz.

Einige der Honigschwämme können innerhalb von drei oder vier Jahren ausgewachsene Bäume abtöten, manche allerdings koexistieren auch jahrelang mit ihrer Wirtspflanze.

Obstbaumkrebs kann den befallenen Baum abtöten.

Die Anfangssymptome eines Honigschwammbefalls sind vorzeitiges Vergilben des Laubes und vorzeitiger Laubabwurf im Herbst. In den Folgejahren sterben dann Äste und Zweige von den Spitzen her ab, bis schließlich der gesamte sichtbare Teil der Pflanze eingeht. Blütenpflanzen bringen eine Unmenge von Blüten, Früchten oder Beeren hervor, bevor die Pflanze abstirbt.

Der Pilz breitet sich unterirdisch mithilfe langer, schwarzer Schnüre (Rhizomorphe) aus, die um etwa einen Meter pro Jahr wachsen. Auch honigfarbene Pilze, die rund um die infizierte Pflanze erscheinen, kurz bevor sie abstirbt, zeigen den Befall an. Jeder dieser Pilze kann innerhalb von fünf Tagen 10 Billionen Sporen aussenden.

● **Krebs**

Krebserkrankungen werden zunächst als Risse an Stamm und Zweigen einer Pflanze sichtbar. Anders als der Name vermuten lässt, sind dafür Pilzsporen oder Bakterien verantwortlich. Sie greifen das Cambium an, die Wachstumsschicht des Baumes. Die Krankheit breitet sich normalerweise ringförmig aus. Dadurch entsteht eine Wunde, die in etwa aussieht wie eine Zielscheibe. Irgendwann wird der Zweig oder Stamm abgeschnürt und die Pflanze stirbt nach kurzer Welkezeit oberhalb der befallenen Stelle ab. Daher wird die Krankheit häufig fälschlich für Braunfäule gehalten. Meist jedoch ist für das Absterben ein Befall mit den Krebspilzen bzw. -bakterien unterhalb der abgestorbenen Pflanzenteile verantwortlich. Obwohl die Symptome je nach Erreger unterschiedlich ausfallen, gibt es einige Gemeinsamkeiten, die davon abhängen, ob die Krankheit durch ein Bakterium oder einen Pilz ausgelöst wurde.

Ein Krebsbefall, der durch Bakterien verursacht wird, zeigt sich meist zuerst in dunklen Stellen auf der Borke. Diese sind häufig feucht und von bakteriellem Schleim bedeckt, mithilfe dessen sich die Krankheit ausbreitet. Bakterielle Krebsformen nennt man Rindenbrand. Sie sind vor allem bei Kirsch- und Pflaumenbäumen bekannt (*Pseudomonas mors-prunorum*). Ebenfalls bakteriell verursacht ist der Feuerbrand, der Erreger ist *Erwinia amylovora*. Feuerbrand gilt eigentlich als Welkekrankheit und befällt viele Arten: Apfelbaum, Zwergmispel, Weißdorn, Birnbaum, Feuerdorn und Eberesche.

Pilzkrankheiten schleichen sich hingegen häufig ein, wenn Wunden beim Beschnitt nicht ordentlich versäubert werden, sodass es keine ausgezackten Ränder mehr gibt. Der bekannteste pilzlich verursachte Baumkrebs ist der durch *Nectria galligena* verursachte Obstbaumkrebs, der auch Eschen, Buchen, Stechpalme, Birne, Pappel, Eberesche und Weide befällt.

Echter Mehltau tritt ab dem Hochsommer auf, wenn das Klima heiß und trocken wird.

● **Rostkrankheiten**

Auch dies ist eine ziemlich große Gruppe von Pflanzenkrankheiten, die sich meist in gelblichen oder blassgrünen Flecken auf der Blattoberseite bemerkbar macht. Auf der Blattunterseite finden sich Sporenpusteln, die farblich von schwarz, braun, orange bis hin zu weiß reichen. Diese öffnen sich und die in ihnen enthaltenen Sporen infizieren auch andere Pflanzen.

Zu den für Rost anfälligen Pflanzen gehören viele Zierpflanzen wie Löwenmäulchen (der Erreger ist *Puccinia antirrhini*), aber auch holzige Pflanzen wie Rosen (Erreger: *Phragmidium tuberculatum* und *P. mucronatum*). Besonders Storchschnabel, Stockrosen und Iris sind anfällig. Sie gehen nach schwerem Befall leicht ein.

Auch unter den Gemüsesorten ist so manch eine für Rost anfällig: Spargel, Lauch und Kopfsalat. Minze neigt ganz besonders zum Rost. Bäume, Koniferen und Zimmerpflanzen – jede kennt ihren eigenen Rostpilz.

Einige dieser Pilze haben komplexe Lebenszyklen, für die zwei verschiedene Wirte nötig sind. Der Weizenrost beispielsweise verbringt einen Teil seiner Lebenszeit auf den verschiedensten Berberitzengewächsen wie der Mahonie.

Der Pflaumenrost hingegen lebt teilweise auf Anemonensorten. Wichtig ist daher, dass man diese Arten niemals nebeneinander pflanzt. Auf diese Weise lässt sich der Lebenszyklus unterbrechen und die Krankheit kontrollieren.

● **Schimmelkrankheiten**

Es gibt verschiedene Schimmelpilze, die im Garten eine Rolle spielen, als besonders schädlich hat sich jedoch der Grauschimmel, verursacht durch *Botrytis cinerea*, herausgestellt. Dies liegt vor allem daran, dass er eine Vielzahl von Arten befällt. Er greift Blätter, Blüten, Spross und Früchte gleichermaßen an. Das Gewebe stirbt ab, die infizierten Stellen überziehen sich mit einem grauen Pilzrasen.

Auch die verschiedenen Arten des Cladiosporium-Pilzes treten in letzter Zeit wieder vermehrt auf, erweisen sich jedoch meist als unschädlich für die befallenen Pflanzen. Meist breitet sich dieser Schimmelpilz auf den Honigtau-Ausscheidungen von Sauginsekten aus. Er kann jedoch die Gesundheit der Pflanze allgemein beeinträchtigen, da ein erhöhter Befall dazu führt, dass die Blätter nicht mehr genügend Sonne abbekommen. Manche Pflanzen werfen gar alle Blätter ab.

Es gibt auch eine als „Schneeschimmel" bezeichnete Krankheit, die von *Monographella nivalis* ausgelöst wird. Dieser Erreger befällt vorzugsweise Grünflächen. An den befallenen Stellen stirbt das Gras ab, zuweilen sind sie mit einem gelben oder blassrosa Pilzgeflecht bedeckt. Wenn sich mehrere Stellen zu einer vereinigen, kann der Schneeschimmel im Rasen bis zu einem Meter Durchmesser erreichen. Manchmal ist das Gras auch von einer Schleimschicht überzogen, wenn der Pilz ins lebende Gewebe eindringt.

● **Viruskrankheiten**

Auch dies ist ein Sammelbegriff für die unterschiedlichsten Krankheiten. Das Gurkenmosaikvirus beispielsweise befällt nahezu jede Pflanze, mit der es in Kontakt kommt. Viruskrankheiten haben keine botanischen Namen wie die

Sternrußtau bekämpft man durch Spritzen und Aufsammeln der abgefallenen Blätter.

meisten anderen Krankheiten. Sie werden nach ihren Charakteristika benannt wie zum Beispiel das Blattrollvirus, mitunter aber auch nur nach der Pflanze, an der es zuerst aufgetreten ist: Narzissenvirus.

Häufige Symptome einer Viruserkrankung sind Missbildungen im Wuchs (an der ganzen Pflanze), Sprenkel, ringförmige Flecken, totes Gewebe oder mosaikartige Muster auf Blättern bzw. Blüten. Die Blüte fällt manchmal ganz aus, mitunter zeigen auch die Blüten Missbildungen bzw. Farbfehler. So werden beispielsweise an dunklen Blütenblättern hellere Streifen sichtbar und umgekehrt.

Manche Viren zeigen sich nur an den Früchten, Spross und Blätter bleiben unberührt. So sind Stippigkeit, Rissigkeit und Schorf bei Äpfeln häufig auf Viruserkrankungen zurückzuführen. Die Scharkakrankheit an Pflaumen macht sich durch eingesunkene Stellen an Pflaumen und Zwetschgen bemerkbar.

Infizierte Pflanzen tragen wenige bis gar keine Früchte. Sie sterben mitunter ab, dies geschieht jedoch eher selten, weil das Virus ja seinen Wirt braucht. Einige Viren verursachen auch gar keine Symptome, was die Dinge noch komplizierter macht.

● **Welkekrankheiten**

Diese sehr verbreitete Form der Krankheit wird von verschiedenen Erregern – Bakterien, Pilzen und Viren – verursacht. Gemeinsam ist ihnen ihre Auswirkung auf die Pflanze: Blätter, Spross und Triebe welken und sterben ab. Obwohl die Welke manchmal vorübergehend erscheint und die Pflanze sich zwischendrin sogar erholt, gehen die Pflanzen am Ende gewöhnlich ein.

Zu den bakteriell verursachten Welkekrankheiten gehört der Feuerbrand (*Erwinia amylovora*), der zum Welken der Triebspitzen und schließlich zum Absterben führt. Dabei zeigen sich unter der Borke der Pflanzen charakteristische rotbraune Flecken.

Pilzlich verursachte Welkekrankheiten werden meist von im Boden lebenden Pilzen ausgelöst oder von Pilzpartikeln, welche Wurzeln bzw. Spross angreifen. Wenn der Pilz sich dann entwickelt, verschließt er die Leiterbahnen, über die die Pflanze sich ernährt. Dies löst dann die Welke aus. Der Verticillium-Pilz (*Verticillium albo-atrum* und *V. dahliae*) befällt eine ganze Reihe von Gartenpflanzen, darunter Ziersträucher, Stauden, Obstbäume, Gemüse und Beetpflanzen.

Die Fusarium-Welke (*Fusarium oxysporum*) greift noch mehr Pflanzen an und ist wesentlich aggressiver als Verticillium. Die vielleicht bekannteste Welkekrankheit unserer Zeit ist das Ulmensterben, das von *Ophiostoma ulmi* verursacht wird. Dabei verfärben sich die Blätter gelb, während die Triebe allmählich absterben. Nach drei oder vier Jahren geht selbst ein großer, ausgereifter Baum ein. Alle pilzlich verursachten Welkekrankheiten zeigen ein charakteristisches Fleckenmuster im Spross, wenn man diesen genauer untersucht. Grund dafür sind die Giftstoffe, die der Pilz ausscheidet.

Eine viral verursachte Welkekrankheit ist zum Beispiel die Rosenwelke, welche zum Absterben junger Rosenstöcke führt, die durch Veredeln oder Pfropfen gewonnen wurden.

● Wurzelfäule

Dies ist eine der größten Gruppen von Pflanzenkrankheiten. Sie ist dadurch gekennzeichnet, dass die Zellwände der Wurzeln oder Zwiebeln zusammenbrechen und nur eine faulende Masse zurückbleibt. Meist greifen diese Krankheiten die Wurzeln an, mitunter auch den Stängelgrund, wobei diese Unterscheidung nicht immer leicht zu treffen ist.

Auch hier sind Pilze und Bakterien die Übeltäter. Manche Arten befallen nur holzige Pflanzen, andere haben sich auf Gemüse und Stauden spezialisiert.

So können die Phytophthora-Arten eine große Bandbreite verschiedener holziger Pflanzen befallen und zum Absterben von Bäumen und Sträuchern führen. Sehr häufig kommen diese Pilze an feuchten Standorten mit schlechter Drainage vor. Die Erreger können jahrelang in der Erde schlummern, bevor sie unter optimalen Bedingungen – gewöhnlich bestimmte Temperaturen und eine gewisse Bodenfeuchtigkeit – wieder zum Leben erwachen.

Unter diese Gruppe fallen viele Formen der Grundfäule an Jungpflanzen, aber auch einige der schlimmsten Grünflächenkrankheiten wie Rotfadenkrankheit (*Laetisaria fuciformis*), Nelkenschwindling (*Marasmius oreades*) und Dollarfleckenkrankheit (*Sclerotinia homoecarpa*), die jeden Rasen zerstören können.

Staudenkrankheiten sind beispielsweise die Rote Wurzelfäule der Erdbeere (*Phytophthora fragariae*), welche die ganze Pflanze zum Absterben bringt und ihren Namen vom roten Zentrum der Fäule hat, das durch die vom verursachenden Pilz produzierten Giftstoffe entsteht. Das Bakterium *Erwinia carotophora* verursacht speziell an Kartoffeln Fäule an Knollen und Spross. Es überlebt den Winter in den Saatkartoffeln.

Der Honigschwamm breitet sich in Europa immer stärker aus.

Die zehn häufigsten Schäden durch Kulturfehler

Nicht alle Pflanzenprobleme lassen sich auf einen Schädling oder eine Krankheit zurückführen. Einige entwickeln sich erst aufgrund einer Veränderung der Wachstumsbedingungen, wie sie bei Missgeschicken oder lokal verändertem Klima vorkommen. Andere wiederum reagieren auf Wassermangel bzw. ein Überangebot an dem lebensrettenden Stoff.

Jede Pflanze braucht ein ganz bestimmtes Bedingungsgefüge, um gut gedeihen zu können. Meist gibt es eine gewisse Bandbreite, innerhalb derer die Pflanzen gut wachsen, und eine weitere, innerhalb derer sie gerade noch überleben können. Eine plötzliche Veränderung in den Wachstumsbedingungen behindert das weitere Wachstum.

Am augenfälligsten ist dies im Frühjahr, wenn ein plötzlich eintretender Frost den Neuaustrieb vieler Pflanzen zerstört. Hat nur ein Trieb darunter gelitten, beeinflusst dies das weitere Wachstum der Pflanze insofern, als andere dann stärker wachsen, um den Ausfall wettzumachen. Dann bekommen Pflanzen mit nur einem Haupttrieb häufig einen zweiten und sehen vollkommen anders aus als vorher.

Wasser ist für Pflanzen Lebenselixier. Ihr gesamter Stoffwechsel hängt davon ab. Pflanzen essen ja schließlich nicht, sondern nehmen Nährstoffe in Wasser gelöst durch die Wurzeln und Blätter auf. Diese Nährstoffe werden sodann mit dem Pflanzensaft in jede einzelne Zelle befördert. Jede Pflanzenzelle ist voller Wasser. Nicht verholzende Pflanzen behalten ihre Form nur, wenn all ihre Zellen entsprechend mit Flüssigkeit gefüllt sind. Wenn es zu Wassermangel kommt, nimmt die Menge an Wasser in den Zellen ab.

Die Pflanze wird matt, was wir als Welken kennen. Bleibt der Wassermangel bestehen, schotten die Zellen sich gegeneinander ab, um keinen weiteren Wasserverlust zu erleiden. In der Botanik spricht man davon, dass der „dauerhafte Welkepunkt" erreicht sei. Danach lässt sich die Pflanze nicht mehr retten, und wenn man ihr alles Wasser der Welt gäbe.

Instinktiv neigen wir also dazu, eine welkende Pflanze mit Wasser zu versorgen. Doch liegen wir mit dieser Reaktion keineswegs immer richtig, denn die Wurzeln brauchen zum einwandfreien Funktionieren auch Luft. Wenn wir also zu viel gießen bzw. die Pflanze gar ins Wasser tauchen, ertrinkt sie regelrecht.

Wasser-, Sumpf- und Teichrandpflanzen haben extra Mechanismen entwickelt, die ihnen erlauben, im Wasser oder in permanent feuchter Erde zu leben. Sollten Sie also einen sehr feuchten Boden im Garten haben, wählen

Blattrandwelke wird durch chemische Schadstoffe verursacht.

Sie einfach die richtigen für Ihren Gartenboden geeigneten Sorten aus.

Viele der durch Umwelteinflüsse hervorgerufenen Schäden verflüchtigen sich von selbst wieder, wenn wir keine Kulturfehler machen. Wir müssen die Pflanze also regelmäßig gießen und sie mit Nährstoffen versorgen, damit sie gesund bleibt. Am besten wählen wir die für den Standort richtigen Sorten aus und verwenden Chemikalien zur Gesunderhaltung nur im Notfall. Andere Unregelmäßigkeiten sind einfach eine Laune der Natur, die ein guter Gärtner mit einem Lächeln akzeptiert.

● **Bolting**

Unter „Bolting" versteht man übermäßiges Schießen der Pflanze sowie frühzeitige Blüten bzw. Samenproduktion, das vor allem bei Rüben, Sellerie, Salat, Zwiebeln, Spinat und Blumenkohl vorkommt. Der Grund ist von Gemüse zu Gemüse verschieden, ja kann sogar von Unterart zu Unterart variieren. Häufig allerdings wurden die betroffenen Pflanzen an einem kritischen Punkt zu kalten Temperaturen ausgesetzt oder hatten mit Wassermangel zu kämpfen.

Bolting, das durch niedrige Temperaturen von 4 bis 6 Grad Celsius verursacht wurde, kann nicht vermieden werden. Die einzige Möglichkeit ist, resistente Sorten zu wählen. Am anfälligsten sind jeweils besonders frühe Gemüsesorten, weil sie ja mehr als andere der Gefahr niedriger Temperaturen ausgesetzt sind. Die Sommergemüse hingegen schießen nur dann, wenn sie im Frühstadium des Wachstums zu trocken stehen. Dies geschieht häufig dann, wenn die Pflanzen schon eine Reihe reifer Blätter entwickelt haben. Wenn die Pflanzen nur unregelmäßig gewässert oder in der Wachstumsphase umgetopft werden, ist das Schießen umso wahrscheinlicher.

● Chemische Schäden

Viele Pflanzenschutzmittel können den Pflanzen auch schaden, da sie für die Ausbringung in einer ganz bestimmten Menge, bei bestimmten Bedingungen und zu einer bestimmten Zeit konzipiert wurden. Schaden richten sie vor allem dann an, wenn

• sie in zu hoher Dosierung angewandt werden,
• sie für Pflanzen benutzt werden, für die sie nicht gedacht sind, und
• unter den falschen klimatischen Bedingungen ausgebracht werden.

Dies kann zu Schäden führen, die von leichtem Vergilben der Blätter bis zum völligen Absterben der Pflanze reichen.

Unkrautvernichtungsmittel sind zur Beseitigung von Unkraut erdacht worden, können aber auch unsere geliebten Pflanzen schädigen, wenn sie mit ihnen in Kontakt kommen oder falsch angewandt werden. Als besonders schädlich erweisen sich meist hormonelle Unkrautvernichtungsmittel, da sie von der Pflanze aufgenommen werden und das Wachstum beeinträchtigen. Dann kommt es zu Missbildungen der Blätter und zu gesprenkelten Blattverfärbungen. Der Spross wächst meist gestaucht oder verdreht und zeigt eine viel zu helle Spitze. Früchte und Blüten sind missgebildet und entwickeln sich nicht richtig.

Andere schädliche Chemikalien sind:

• Farben (Achtung also bei frisch gestrichenen Zäunen oder Gartenhäuschen!),
• Holzschutzmittel,
• Maschinenöl und Benzin, das aus Mähern auf den Rasen fließt und diesen schädigt,
• Düngemittel (vor allem Dung), die zu frisch sind oder in nicht ausreichendem Abstand von der Pflanze bzw. in überhöhter Menge ausgebracht werden,
• Streusalz im Winter, das zum Absterben naher Pflanzen führt.

● Frost

Wenn man Pflanzen einer Temperatur unter dem Gefrierpunkt aussetzt, und sei es nur für 15 bis 20 Minuten, tragen die meisten schon Schäden davon: Blätter, Triebe, Blüten und Früchte werden schwarz und fallen ab. Am verwundbarsten sind die „dünnhäutigsten" Partien der Pflanze, also die Blüten, die noch nicht ausgereiften Früchte und die Jungtriebe. Empfindliche Pflanzen, die normalerweise im Wintergarten oder Gewächshaus stehen, leiden schon bei Temperaturen unter 10 Grad Celsius, die sich auch mal auf der Fensterbank einstellen.

Frostschäden werden durch Eiskristalle in der Pflanzenzelle verursacht. Am schlimmsten fallen sie aus, wenn die Temperatur schnell fällt oder zu schnell wieder ansteigt, sodass sich noch Eiskristalle in der Zelle befinden. Dann platzen die Zellwände und es kommt zu gravierenden Strukturschäden.

Zu niedrige Temperaturen bei etwas empfindlichen Pflanzen machen sich meist in einem blaugrünen Schimmer bemerkbar. Dann hängen die Blätter schlaff herab, weil die Funktionen der Pflanze durch den Temperaturabfall beeinträchtigt sind.

● Nährstoffmangel

Pflanzen brauchen, um wachsen und gedeihen zu können, einen wohlausgewogenen Nährstoffcocktail. Einige Chemikalien werden dabei in relativ großer Menge verbraucht. Dazu gehören

Eisenmangel führt zu gelblichen Verfärbungen.

Stickstoff, Phosphat und Kalium. Andere wie Calcium, Zink, Bor und Eisen braucht die Pflanze nur in Spuren. Doch letztlich sind alle vonnöten, um einen funktionierenden Stoffwechsel aufrechterhalten zu können. Wenn nur eines dieser Elemente dauerhaft fehlt, wird das Wachstum der Pflanze beeinträchtigt.

Die Symptome des Nährstoffmangels sind von Nährstoff zu Nährstoff und von Pflanze zu Pflanze verschieden. Wenn sich bestimmte Mängel überlagern, ergeben sich wieder andere Symptome. Meist kommt es zu Minderwuchs oder zu Missbildungen, wenn einer der Hauptnährstoffe fehlt. Bei den Spurenelementen ist der Mangel meist nicht sofort erkennbar. Viele Pflanzen brauchen eher saure Erde. Zu viel Kalk im Substrat lässt die Blätter gelb werden. Diese Krankheit nennt man dann Chlorose. Schuld daran ist eigentlich der Eisenmangel, denn bei zu viel Kalk kann die Pflanze das Spurenelement Eisen nicht mehr in ausreichender Menge aufnehmen.

● **Sonnenschäden**

Hitze, vor allem direktes Sonnenlicht, ist für viele Pflanzen schädlich. Es wirkt sich auf Blätter, Blüten, Früchte und Spross gleichermaßen schädlich aus. Zu Verbrennungen kommt es, wenn direktes Sonnenlicht auf Bäume mit dünner Borke scheint. Dazu gehören die Buche, die Kirsche, der Ahorn oder die Pappel. Kurz nach der Pflanzung allerdings sind alle Bäume für Sonnenschäden anfällig. Die Verbrennungen zeigen sich in vertrockneten Rindenstellen, vor allem auf der Sonnenseite. Auf diese Weise wird die Vitalität der Pflanze beeinträchtigt, es kommt zu Minderwuchs und Absterben der Äste auf der der Sonne zugewandten Seite des Baumes.

Auch Sonnenbrand gibt es. Er tritt vor allem an Früchten auf, die der Strahlung der Sonne direkt ausgesetzt sind. Es kommt zu folgenden Schadbildern:

• Tomaten reifen ungleichmäßig. Zonen mit harter grüner Haut bleiben vor allem am Blütenansatz stehen. Man nennt dies „unregelmäßige Fruchtreife".
• Andere Früchte zeigen braune, papierene Stellen, die wie Sonnenbrand aussehen. Besonders Äpfel, Birnen, Stachelbeeren und Tomaten sind betroffen.

Staunässe

Dies ist vor allem für Zimmerpflanzen ein Problem. Im Garten kommt Staunässe nur dann vor, wenn der Abfluss erschwert ist, zum Beispiel durch besonders lehmige Erdschichten. An Zimmerpflanzen aber ist Staunässe eine der häufigsten Schadursachen. Durch übermäßiges Gießen oder schlechten Abfluss kommt es zu Sauerstoffmangel, was die Pflanzen schädigt und schließlich zum Absterben bringt. Das Wasser nämlich lässt im Substrat für den Sauerstoff keinen Platz mehr.

Normalerweise ist das erste Symptom die Verfärbung der Blätter von kräftigem Grün zu Blassgrün und schließlich zu Gelb. Die Pflanzen bekommen meist noch trockene, unregelmäßig geformte Flecken.

Hält die Staunässe an, stellt die Pflanze das Wachstum ein. In diesem Stadium leidet ihre allgemeine Gesundheit. Dauert der Zustand zwischen 10 und 15 Tage an, kommt es zum Absterben erster Zellen (was sich häufig als abgestorbenes, braunes Gewebe bemerkbar macht). Die Wurzeln fangen an zu faulen. Dann kommen meist noch Pilz- und Bakterienkrankheiten hinzu und machen der Pflanze völlig den Garaus.

Trockenheitsschäden

Wasser ist für jede Pflanze lebenswichtig, weil es sowohl als Nahrungs- als auch als Lösemittel für Nährstoffe dient. Steht eine Pflanze zu trocken, geht sie schnell ein. Gerade Pflanzen mit voluminösen Blättern, wie dies bei vielen Gemüsesorten der Fall ist, sind besonders betroffen.

Zur physiologischen Trockenheit kommt es dann, wenn zwar genügend Wasser vorhanden ist, die Pflanze es aber nicht aufnehmen kann. Das kann zum Beispiel im Winter passieren, wenn der Boden gefroren ist. Koniferen und mit Blättern bewehrte Immergrüne verlieren dann Wasser über die Nadeln bzw. Blätter, können es aber nicht ersetzen. So kommt es zu Trockenheitsproblemen. Welkende Blätter lassen sich schlechterdings nicht übersehen, doch es gibt Anzeichen für zu trockenen Stand, die sich

Frostschäden setzen den Pflanzen häufig erst im Frühling zu.

schon vorher ausmachen lassen. Dazu gehören der Verlust des Blattglanzes und ein bläulicher Schimmer (vor allem auf dem Rasen). Wenn der Wassermangel anhält, werden die Blätter allmählich braun und trocken.

Junge Pflanzen neigen dann zum Schießen und produzieren viel zu früh Blüten und Samen.

Übermäßige Trockenheit verträgt keine Pflanze gut. Achten Sie darauf, regelmäßig zu wässern.

Ältere Pflanzen hingegen werfen Blüten und Früchte ab, bevor sie sich noch richtig entwickelt haben. Welkende Pflanzen aber können sich erholen, wenn man sie sparsam wässert (nicht ins Wasser taucht!), bis das Substrat sich vollgesaugt hat. Auch Sprühen ist in diesem Fall ein probates Mittel.

● **Umweltverschmutzung**

Die bekanntesten Schmutzstoffe in der Luft sind: Kohlenmonoxid, Schwefeldioxid, Stickstoffoxid, Chloride, Fluoride, Äthylen und Ammoniak. Die Effekte können von schweren Schäden bis zum völligen Absterben innerhalb kürzester Zeit reichen. Die Symptome sind dabei recht unterschiedlich. Meist kommt es aber zu:

• braunen oder grauen Flecken bzw. Streifen auf der Oberseite der Blätter und zwischen den Blattadern,
• verbrannt wirkenden Zonen oder abgestorbenen Gewebeteilen rund um den Blattrand.

Die betroffenen Blätter sterben ab, hängen schlaff herunter oder fallen schließlich vorzeitig ab. Jungpflanzen sind besonders anfällig, dasselbe gilt für Immergrüne, die ja ihr Laub nicht abwerfen. Ob die Umweltgifte sich als schädlich herausstellen, hängt letztlich von ihrer Quantität ab. So können geringe Mengen Schwefel in der Atmosphäre förderlich sein, weil sie Pilzkrankheiten wie dem Sternrußtau Einhalt gebieten. Spargel und andere Mitglieder der Spargelgewächse profitieren von Mineralsalzen in der Erde.

● **Windbruch**

Dies wird besonders bei großen Pflanzen zum Problem, bei jungen Bäumen, Rosen- und Ziersträuchern sowie Kletterpflanzen. Dies gilt vor allem dann, wenn sie erst kürzlich umgepflanzt wurden und im Vergleich mit dem Wurzelsystem über eine recht ansehnliche oberirdische Pflanzenmasse verfügen. Der Wind übt Druck aus, wenn er gegen den oberirdischen Teil der Pflanze anbläst. Die Pflanze schwingt dabei vor und zurück. Dabei werden die Wurzeln allmählich gelockert. Normalerweise aber wird die Pflanze dadurch nicht umgeblasen (zumindest nicht, wenn die Wurzeln gut verankert sind). Doch das Schwanken im Wind führt dazu, dass neue

Sonnenbrand entsteht bei direkter Sonneneinstrahlung an empfindlichen Pflanzen.

Triebe abbrechen. Außerdem reiben sie sich häufig an der Basis des Sprosses, sodass es zu offenen Wunden kommt, durch die Pilz- und Bakterienkrankheiten eindringen können. Darüber hinaus wird die Zirkulation des Pflanzensaftes gestört.

Das ständige Hin- und Herschaukeln führt dazu, dass die Erde rund um die Pflanze untertassenförmig einsackt. Wenn sich in dieser Vertiefung nun Regenwasser sammelt und gar noch gefriert, wird der Haupttrieb stark beschädigt. Die Pflanze stirbt ab. Doch auch wenn es nicht gefriert, kann der mangelnde Wasserabfluss zu ungewollter Staunässe führen. An wenig windgeschützten Stellen tritt dieses Problem vermehrt auf. Es verschärft sich, wenn das Erdreich ohnehin schon schwer und der Wasserabfluss aus irgendeinem Grund gestört ist. Dann nämlich verdichtet sich schnell die Erde um den Wurzelhals der Pflanze.

- **Windschäden**

Trockenheit durch Wind ist besonders für Koniferen ein Problem. Betroffen sind vor allem die Lawson-Scheinzypresse (*Chamaecyparis lawsoniana*) und andere Formen der Zypresse (*Cupressus*) sowie die Blatt-Immergrünen wie zum Beispiel die Aukube, der Lorbeer (*Laurus nobilis*) und der Feuerdorn. Dabei wird die Pflanze auf einer Seite immer bleicher, beginnt sich zu kräuseln und wird allmählich immer trockener, bevor die Triebe braun werden und bis zum Stamm hin absterben.

Der Schaden entsteht durch Absterben der Blätter auf der Windseite. Der Wind trocknet die Pflanzen so schnell aus, dass die Feuchtigkeit nicht mehr ersetzt werden kann. An wenig windgeschützten Stellen tritt das Problem natürlich in höherem Maße auf.

Auch dort, wo die Erde zu feucht oder gefroren ist, sodass die Wurzeln ihre Funktion nicht erfüllen können, verschärft sich der Trockenschaden durch den Wind schnell. Dies kommt auch bei laubabwerfenden Pflanzen vor. In diesem Fall trocknen meist die sich im Herbst bildenden Knospen aus und fallen ab. Die Pflanzen werden bald einseitig, weil sie auf der windzugewandten Seite keine neuen Triebe mehr hervorbringen.

Die zehn häufigsten Schäden durch Kulturfehler 49

Problemdiagnose

Pflanzen werden von einer Vielzahl von Schädlingen und Krankheiten befallen. Auch Kulturfehler und Umweltprobleme richten immer wieder Schaden an. Meist jedoch ist nur ein bestimmter Teil der Pflanze betroffen, auch wenn sich die Schäden mit der Zeit über die ganze Pflanze ausbreiten können.

1 Knospenfäule
Meist wurde die Knospe von einem Schädling oder einer Krankheit befallen, der oder die das Innere der Knospe zerstört, bevor sie sich entfalten kann.

7 Fruchtfäule
Eine Infektion oder Verletzung wird häufig erst sichtbar, wenn die Früchte sich entwickeln, wodurch Krankheiten sich ausbreiten können.

2 Insektenattacken
Sauginsekten siedeln sich gerne an den Triebspitzen der Pflanze an.

8 Fraßschäden an Blättern
Schädlinge mit starken Mundwerkzeugen ernähren sich von der ganzen Pflanze und entblättern sie dabei total, wenn die Population groß genug ist.

3 Mehltau
Echter und Falscher Mehltau zeigen sich vor allem an den Blättern und den Triebspitzen, bevor sie die ganze Pflanze in Mitleidenschaft ziehen.

9 Rost- und andere Blattflecken
Diese Schäden breiten sich innerhalb kürzester Zeit über die ganze Pflanze aus.

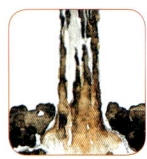

4 Pilzkrankheiten
Manche im Boden lebende Pilze siedeln sich vorzugsweise zwischen Holz und Borke an.

10 Krebs
Offene Wunden führen zu Wasserverlust und laden andere Schädlinge bzw. Krankheiten geradezu ein.

5 Fraßschäden an Blüten
Einige Insekten haben sehr schwache Mundwerkzeuge und ernähren sich deshalb von den weichsten Pflanzenteilen.

11 Fraßschäden an den Wurzeln
Einige Schädlinge verbringen zumindest einen Teil ihres Lebens unter der Erde und nähren sich von Wurzeln.

6 Farbveränderungen an den Blättern
Wenn sich die Farbe der Blätter verändert, ist dies ein Signal, dass an einem zentralen Teil der Pflanze, beispielsweise den Wurzeln, etwas nicht stimmt.

12 Blattwelke
Zur Welke kommt es infolge von Krankheitsbefall oder Trockenheit. Sie kann auch ein Problem an anderer Stelle der Pflanze anzeigen.

9

12

7

5

3

8

2

1

10

6

4

11

Pflanzenprobleme: Blätter

Blattschäden können viele verschiedene Ursachen haben, im Allgemeinen haben sie aber eines gemeinsam: Sie zerstören das gute Aussehen Ihrer Pflanze. In einigen Fällen wie beispielsweise bei der Miniermotte mag dies keine weiteren schädlichen Auswirkungen auf die Pflanze haben. Möglicherweise beschließen Sie auch einfach, mit dem Schaden zu leben und keine Chemie anzuwenden.

In anderen Fällen aber kann der Blattschaden als Frühindikator für bevorstehende gravierende Schwierigkeiten gelten, die Ihre sofortige Aufmerksamkeit erfordern, bevor es zu spät ist.

Sollte das Problem von einem Schädling verursacht sein, müssen Sie diesen zuerst korrekt identifizieren. Dann wissen Sie über den Lebens- und Fortpflanzungszyklus des Tieres Bescheid. Sie wissen also, wann Sie besonders achtsam sein müssen bzw. ob Sie schnell eingreifen müssen. Denn einige Schädlinge wie beispielsweise die Raupe des Kohlweißlings können sehr schnell enormen Schaden anrichten.

Wenn Sie sich jedoch für chemischen Pflanzenschutz entscheiden, ist es von Vorteil, wenn Sie mehr als eine Anwendung durchführen. Erst dann können Sie sicher sein, dass Sie die Attacke wirklich abgewehrt haben, denn dann sind auch die aus den abgelegten Eiern geschlüpften künftigen Generationen beseitigt.

Es gibt zwei Arten chemischer Insektizide:

- Kontaktmittel, die nur jene Schädlinge töten, die direkt damit in Kontakt kommen. Diese müssen gründlich auf der Ober- und Unterseite des Blattes sowie auf den Spross aufgebracht werden.

- systemische Insektizide, die von der Pflanze aufgenommen werden und mit dem Pflanzensaft an all jene Schädlinge verabreicht werden, die sich von diesem ernähren. So wirkt das Mittel weitaus sicherer, weil ausnahmslos jeder Schädling, der den Pflanzensaft aufnimmt, getötet wird, solange der Wirkstoff in der Pflanze aktiv ist. Folglich können Sie damit auch jene Insekten bekämpfen, die gegen Kontaktmittel durch ihren Panzer geschützt sind wie Schildläuse.

Bitte achten Sie stets darauf, dass das Mittel, das Sie einsetzen, sich für die befallene Pflanze eignet.

Blattläuse greifen nahezu jede Pflanze an. Andere Schädlinge hingegen sind auf eine Art spezialisiert. Die Salomonssiegel-Blattwespe vergreift sich nur an Pflanzen der Gattung *Polygonatum*. Sie wissen also schon im Voraus, welche anderen Pflanzen Sie vor dem Schädling schützen müssen. Bei vielen Pflanzenkrankheiten wie Fäule, Schorf oder Mehltau hängt die Ausbreitung vom Wetter ab. Wenn Sie also wissen, welchen Gefährdungen Ihr Garten in dieser Saison ausgesetzt ist, wissen Sie auch, worauf Sie achten müssen. Denn wenn Sie die ersten Anzeichen entdecken, können Sie schnell handeln. Wie die Schädlinge erweisen sich auch Pflanzenkrankheiten als wirtsspezifisch. Wenn Sie Rosen im Garten haben, dann haben Sie vermutlich Probleme mit Rosenrost und Sternrußtau und können Ihre Pflanzen auf verräterische Spuren absuchen.

Je schneller und zielgerichteter Sie auf den Befall reagieren, desto geringer ist die Gefahr für Ihre Pflanzen.

Saugschäden

● **Gemeine Napfschildlaus**

Das gelbbraune Insekt (*Coccus hesperidum*) wird etwa 3–4 mm lang und hält sich auf der Blattunterseite auf. Als Pflanzensauger unterminiert es die Gesundheit der Pflanze.

Symptome: Minderwuchs und Missbildungen. Allmähliches Vergilben der Blätter. Die Pflanze wird geschwächt und anfällig für andere Schädlinge oder Krankheiten. Die klebrigen Ausscheidungen (Honigtau) auf den unteren Blättern überziehen sich mit Schwärzepilzen.

Betroffene Pflanzen: Lorbeer (*Laurus nobilis*), Zitrusbäumchen (*Citrus spp.*), Efeu (*Hedera*), Feigenbäumchen (*Ficus spp.*) und Pflanzen in Wintergarten und Gewächshaus.

Vorbeugung: Leider gibt es keine effektive Vorbeugung.

Bei Befall: Die Schlupfwespe *Metaphycus helvolus* in der Sommermitte ausbringen. Im späten Frühjahr, wenn das Nymphenstadium aktiv ist, spritzen Sie mit Mitteln auf Fettsäurebasis.

● **Johannisbeer-Blattgallmücke**

Dieses Insekt (*Cecidophyopsis ribis*) stellt eine massive Bedrohung für die Sträucher der Schwarzen Johannisbeere dar. Es überträgt außerdem eine Viruskrankheit, welche die Tragfähigkeit der Pflanze enorm beeinträchtigt.

Symptome: Die Knospen schwellen an und öffnen sich im Frühjahr nicht. Blattmissbildungen entstehen durch die saugenden Larven der Mücke, die schnell auf die Nachbarpflanzen übergreifen.

Betroffene Pflanzen: Schwarze Johannisbeere (*Ribes nigrum*). Eine verwandte Mückenart befällt Haselnusssträucher (*Corylus*) und Eiben (*Taxus*).

Vorbeugung: Stark befallene Pflanzen beseitigen und verbrennen. Beim Öffnen der Blüten mit einem carbendazimhaltigen Fungizid spritzen.

Bei Befall: Beim Öffnen der Blüten mit einem biologischen Mittel basierend auf Fettsäuren oder Rapsöl spritzen.

Mehlige Kohlblattlaus

Das Insekt (*Brevicoryne brassicae*) kolonisiert die Pflanze und verursacht Missbildungen. Außerdem infiziert es sie mit einer Art des Mosaikvirus.
Symptome: Gelbe Flecken auf der Blattoberseite. Auf der Blattunterseite und am Spross zeigen sich dichte Kolonien grauweißer Insekten unter einem weißlichen, wachsartigen Überzug.

Betroffene Pflanzen: Alle Vertreter der Kohlfamilie, vor allem Blattkohlarten.
Vorbeugung: Alte Kohlpflanzen, die bereits getragen haben, beseitigen und verbrennen.
Bei Befall: Wiederholt mit einem biologischen Pflanzenschutzmittel auf der Basis von Fettsäuren oder Rapsöl spritzen. Eventuell Marienkäfer (*Cryptolaemus montrouzieri*) und Florfliegen zur Schädlingskontrolle einsetzen.

Spinnmilbe

Diese winzigen Milben (*Tetranychus urticae*) sind Pflanzensauger und stellen ein enormes Problem dar, weil sie sich schnell vermehren.
Symptome: Der Austrieb wird gelb und missgebildet. Eingerollte und gesprenkelte Blätter sind mit einem feinen Netz überzogen, das die Eier der Spinnmilbe schützen soll.

Betroffene Pflanzen: Nahezu alle, am stärksten aber wirkt sich der Befall bei der Weinrebe *(Vitis)*, der Nelke (*Dianthus*), bei Chrysanthemen, Melonen und Gurken aus.
Vorbeugung: Für hohe Luftfeuchtigkeit sorgen und die Unterseite der Blätter häufig mit Wasser besprühen.
Bei Befall: Sobald Sie den Befall bemerken, regelmäßig mit einem Insektizid auf Rapsölbasis spritzen. Auch die Raubmilbe *Phytoseiulus persimilis* kontrolliert den Befall wirksam.

Thrips

Kleine, lausähnliche Insekten, die etwa 2 mm lang werden und gelb oder braun sind. Sie besitzen fransige Flügel. Die flügellosen Nymphen sind heller in der Farbe. Von der Pflanze ernähren sich sowohl die Larven als auch die ausgewachsenen Insekten.
Symptome: Kleine, helle Sprenkel auf der Blattoberseite, auf Blüten und Spross. Die Blätter zeigen einen silberfarbenen Schimmer.

Betroffene Pflanzen: Vor allem an Gewächshaus-, Wintergarten- und Zimmerpflanzen. Mitunter auch im Freien vorkommend.
Vorbeugung: Überprüfen Sie Ihre Zimmerpflanzen regelmäßig.
Bei Befall: Zwei- bis dreimal mit Bifenthrin oder Pyrethrine spritzen. Zwischen den Spritzvorgängen jeweils zwei bis drei Wochen vergehen lassen. Die Raubmilbe *Amblysius spp.* kann zur Kontrolle eingesetzt werden, sobald die Temperaturen 10 Grad Celsius überschreiten.

● Weichhautmilben

Die winzigen Insekten (Gelbe Teemilbe, *Polyphagotarsonemus latus* und Breitmilbe, *Phytonemus pallidus*) sind cremefarben oder hellbraun. Sie pflanzen sich das ganze Jahr über fort.

Symptome: Minderwuchs und Missbildungen, da die Insekten an den jungen Blättern, am Neuaustrieb und an den Blüten saugen. Am Spross stark befallener Pflanzen bildet sich braunes, narbenartiges Gewebe.

Betroffene Pflanzen: Vor allem Pflanzen in Gewächshäusern und Wintergärten, auch Erdbeeren (*Tarsonemus pallidus fragariae*).

Vorbeugung: Befallene Pflanzen entfernen und verbrennen.

Bei Befall: Regelmäßig mit biologischen Mitteln auf der Basis von Fettsäuren oder Rapsöl spritzen.

● Weiße Fliege

Das weiße, geflügelte Insekt (*Trialeurodes vaporarium*) misst etwa 2 mm und lebt auf der Unterseite der Blätter. Ihre Ausscheidungen hinterlassen einen klebrigen Film auf der Oberseite der Blätter. Das Sauginsekt pflanzt sich das ganze Jahr über fort.

Symptome: Schüttelt man die Pflanze, fliegen die geflügelten Alttiere in Schwärmen auf. Auf der Blattoberseite zeigen sich weiße Sprenkel. Die Pflanze wirkt nicht mehr gesund.

Betroffene Pflanzen: Eine Reihe von Gewächshaus- und Zimmerpflanzen. Im Sommer auch Pflanzen im Freien.

Vorbeugung: Nicht möglich. Die Schlupfwespe *Encarsia formosa* kontrolliert den Befall im Gewächshaus wirksam.

Bei Befall: Regelmäßig mit Insektiziden auf Pflanzenextraktbasis spritzen, zum Beispiel mit Rapsölprodukten. Das schadet den zur Kontrolle eingesetzten Nützlingen nicht.

Wussten Sie schon, dass ...

Ihr Wissen über den Lebenszyklus des betroffenen Tieres Ihnen bei der Kontrolle des Schädlingsbefalls nützlich ist? Möhrenfliege und Kohlfliege fliegen nie höher als 75 cm und legen ihre Eier rund um den Ansatz junger Blätter ab. Der Kohlweißling beispielsweise ist nicht in der Lage, Zäune zu überwinden, die weniger als 1 cm Maschenweite haben. Auf diese Weise können Sie Barrieren schaffen, welche die gefährdeten Pflanzen schützen.

Fraßschäden

● **Chrysanthemen-Blattminierfliege**

Die kleinen Larven der Blattminierfliege (*Phytomyza syngenesiae*, syn. *Chrymatomia syngenesiae*) ernähren sich vom Blattinnern der Pflanze.

Symptome: Die Blätter zeigen weiße oder blassgrüne gewundene Linien, die Fraßtunnel der Larven, die jedoch keine schwere Schädigung darstellen.

Betroffene Pflanzen: Chrysanthemen, Cinerarien (*Pericallis*), Gerbera- und Mutterkrautsorten (*Tanacetum*).

Vorbeugung: Entfernen Sie befallene Blätter.

Bei Befall: Spritzen Sie mit Imidacloprid, sobald Sie den Befall bemerken.

● **Erdfloh**

Der Erdfloh (Gattung *Phyllotreta*) greift vor allem Jungpflanzen bzw. -triebe an und verzögert so den Neuaustrieb.

Symptome: Kleine, etwa 3 mm lange Insekten von schwarzgrüner Farbe und glänzenden Flügeldecken fressen Löcher von circa 3 mm Durchmesser in die Blätter von Setzlingen und Jungpflanzen. Die Larven ernähren sich von den Wurzeln.

Betroffene Pflanzen: Steinkraut (*Alyssum*), Blaukissen (*Aubrieta*), Kapuzinerkresse (*Tropaeolum*), Levkojen (*Matthiola*) und Goldlack (*Erysimum*) sowie Rettiche und Rüben.

Vorbeugung: Entfernen Sie im Herbst alle alten Pflanzenteile, um den Flöhen das Überwintern zu erschweren. Decken Sie Ihre Setzlinge in den ersten beiden Wochen nach dem Keimen mit Vlies ab.

Bei Befall: Mit Rotenon oder Bifenthrin spritzen, sobald die Keimblätter zu sehen sind.

● **Gespinstmotten**

Das winzige Insekt (*Yponomeuta spp.*) ist eine weiße Motte mit schwarzer Zeichnung auf den Flügeln. Starker Befall führt zur Verkahlung der Pflanze.
Symptome: Etwa 2 cm lange, graugrüne Raupen mit schwarzen Flecken leben in Kolonien auf den Blättern, von denen sie sich ernähren. Kahlfraß möglich. Die Kolonien werden von einem weißen Gespinst umhüllt.

Betroffene Pflanzen: Apfelbäume (*Malus*), Weißdorn (*Crataegus*), Kirsche (*Prunus*), Weide (*Salix*) und viele andere.
Vorbeugung: Triebe, an denen Sie die Kolonien entdecken, werden radikal zurückgeschnitten und verbrannt.
Bei Befall: Sobald Sie die Raupen entdecken, spritzen Sie mit Bifenthrin oder mit Präparaten, die den *Bacillus thuringiensis* enthalten. Kurz vor der Ernte greifen Sie auf biologische Präparate auf Fettsäure- oder Rapsölbasis zurück.

● **Kohlweißling**

Die Raupen des Kohlweißlings (*Pieris brassicae*) richten an den Wirtspflanzen enormen Schaden an, da sie sie mitunter innerhalb weniger Tage ihrer Blätter berauben. Sie verseuchen den Rest der Pflanze mit ihren Ausscheidungen. Die Larven des Kleinen Kohlweißlings (*P. rapae*) ernähren sich eher von den inneren Blättern.
Symptome: Etwa 4 cm lange, gelbschwarze Raupen mit haarigem Körper fressen die Blätter ganz auf und lassen

nur die nackten Stängel zurück, ein sogenannter Kahlfraß.
Betroffene Pflanzen: Alle Kohlsorten und alle Sorten der Kapuzinerkresse.
Vorbeugung: Vom Frühjahr bis zum Herbst die gefährdeten Pflanzen genau beobachten, Raupen absammeln.
Bei Befall: Sobald Sie Raupen entdecken, mit Bifenthrin spritzen. Präparate auf der Basis von *Bacillus thuringiensis* einsetzen. Kurz vor der Ernte nur biologische Spritzmittel auf Rapsölbasis einsetzen.

● **Salomonssiegel-Blattwespe**

Die erwachsene Blattwespe (*Phymatocera aterrima*) legt bei Blühbeginn Eier in den Spross der Pflanze. Sobald die Larven geschlüpft sind, fressen sie die Blätter ab. Davon allerdings erholen sich die Pflanzen häufig, sodass sie im nächsten Jahr wieder blühen.
Symptome: Grauweiße Raupen von etwa 2 cm Länge mit schwarzen Köpfen ernähren sich von den Blättern. Kahlfraß möglich.

Betroffene Pflanzen: Jede Sorte des Salomonssiegels (*Polygonatum*).
Vorbeugung: Spritzen Sie die Erde rund um die Pflanzen mit Insektiziden ein, wenn die Blüte einsetzt.
Bei Befall: Sobald Sie die Raupen entdecken, spritzen Sie mit Bifenthrin oder einem biologischen Mittel auf Rapsöl- bzw. Fettsäurebasis.

Schwarze Kirschblattwespe

Kleine Blattwespen (*Caliroa cerasi*) legen ihre Eier in Schlitze, die sie in die Blätter machen. Jedes Jahr bringt das Insekt drei Generationen hervor.

Symptome: Blassgelbe Larven von etwa 12 mm Länge sind von einer schwarzen Schleimschicht bedeckt. Sie ernähren sich von den Blättern, wobei sie die Blattoberfläche aufreißen und große Flecken vertrockneten, braunen Gewebes zurücklassen.

Betroffene Pflanzen: Kirsch- und Pflaumenbäume (*Prunus*), Weißdorn (*Crataegus*), Birnen (*Pyrus*), Quitte (*Cydonia*) und Sorbus-Arten (Eberesche, Mehlbeere usw.).

Vorbeugung: Lockern Sie die Erde rund um die Basis der Bäume regelmäßig mit einer Hacke.

Bei Befall: Sobald die Raupen zu sehen sind, mit Bifenthrin oder biologischen Mitteln auf Fettsäure- bzw. Rapsölbasis spritzen.

Seerosen-Blattkäfer

Der kleine, gelbbraune Käfer (*Galerucella nymphaeae*) legt seine Eier im Frühsommer in den Blättern der Seerose ab.

Symptome: Fraßlöcher und -tunnel in den Blattrosetten der Seerose. Die Blätter werden langsam gelb und zerfallen.

Betroffene Pflanzen: Sämtliche Seerosenarten (*Nymphaea spp.*).

Vorbeugung: Wenn Sie die Blätter beschweren, zwingen Sie Käfer und Larven ins Wasser, wo sie von Fischen oder anderen Fressfeinden vernichtet werden.

Bei Befall: Sprühen Sie regelmäßig mit einem Insektizid auf pflanzlicher Basis wie Rapsölpräparaten. Achten Sie darauf, dass das Mittel für Fische nicht schädlich ist.

Stachelbeer-Blattwespe

Die Larven der Stachelbeer-Blattwespe (*Nematus ribesi*) können ihren Wirtspflanzen schweren Schaden zufügen. Sie entblättern manchmal innerhalb weniger Tage ganze Sträucher und schwächen die Pflanze systematisch.

Symptome: Kleine grüne Raupen mit schwarzen Flecken ernähren sich von den Blättern. Kahlfraß.

Betroffene Pflanzen: Stachelbeeren, Rote und Weiße Johannisbeeren.

Vorbeugung: Suchen Sie die Pflanzen nach der Blüte sorgfältig nach Schädlingen ab.

Bei Befall: Haben Sie die Raupen gesichtet, spritzen Sie mit Bifenthrin. Nähern sich die Beeren dem Reifestadium, verwenden Sie nur noch biologische Spritzmittel auf Fettsäure- oder Rapsölbasis.

Mehltau und Schorf

● **Apfelmehltau**

Dieser Pilz (*Podosphaera leucotricha*), den man zu den echten Mehltaupilzen rechnet, überwintert in den Knospen und erwacht gleichsam mit dem Sprießen der Blätter im Frühjahr, um die ganze Pflanze zu befallen.

Symptome: Die Blätter sind mit dichtem, weißem, mehligem Pilzrasen überzogen. Die neuen Blätter krümmen sich und erreichen nicht ihre normale Größe. Jungtriebe werden ebenfalls befallen. Befallene Pflanzenteile vergilben und fallen ab.

Betroffene Pflanzen: Alle Apfelsorten, also auch Zieräpfel (*Malus*), Mispel (*Mespilus*), Birne (*Pyrus*) und Quitte (*Cydonia*).

Vorbeugung: Resistente Sorten pflanzen, zum Beispiel „Discovery" oder „Greensleeves". Infizierte Triebe radikal zurückschneiden. Zweige im Pflanzeninnern ausdünnen, sodass die Luft besser zirkulieren kann.

Bei Befall: Spritzen Sie mit Mycobutanil, Pyrethrine oder Lecithin. Richten Sie sich genau nach den Anweisungen des Herstellers.

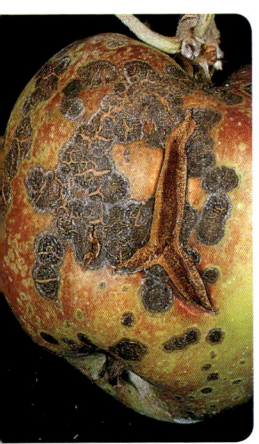

● **Apfelschorf**

Dieser Pilz (*Venturia inequalis*) überlebt auf abgefallenen Blättern und in infizierten Zweigen. Die Sporen keimen im nächsten Frühjahr, wenn es warm und feucht ist.

Symptome: Graugrüne Flecken auf den Blättern, Missbildungen und vorzeitiger Blattfall. Raue Flecken erscheinen auf den jungen Trieben. Auf den Früchten schwarze Flecken, die bald aufplatzen.

Betroffene Pflanzen: Alle Apfelsorten, auch Zieräpfel (*Malus*), vor allem in nassen Jahren.

Vorbeugung: So beschneiden, dass die Luft im Baum gut zirkulieren kann. Resistente Sorten wie „Discovery", „Gavin" oder „Sunset" pflanzen.

Bei Befall: Austriebsspritzung mit Mineralölen. Spritzen Sie mit Mancozeb, sobald die Blüten sich öffnen.

Kohlmehltau

Dieser Pilz (*Peronospora parasitica*) zählt zu den falschen Mehltaupilzen. Er dringt durch die Wurzeln in die Pflanze ein und greift sie in jeder Wachstumsphase an. Er befällt auch Blumenkohl.

Symptome: Grauweiße Pilzrasen auf der Unterseite der Blätter. Auf der Oberseite zeigt sich dort ein gelblicher Fleck. Setzlinge und Jungpflanzen welken und sterben ab.

Betroffene Pflanzen: Alle Sorten der Kohlfamilie, auch Zierkohl sowie verwandte Pflanzen wie Goldlack (*Erysimum*) und Steinkraut (*Alyssum*).

Vorbeugung: Regelmäßiges Entfernen von Unkraut. Setzen Sie die Pflanzen weit auseinander. Für Jungpflanzen stets sterilisierte Töpfe und Pflanzschalen verwenden.

Bei Befall: Nur bei Zierpflanzen mit einem Fungizid wie zum Beispiel Mancozeb spritzen, sobald die Symptome verstärkt auftreten.

Pfirsich-Kräuselkrankheit

Dieser Pilz (Taphrina deformans) breitet sich bei kühlen, feuchten Klimabedingungen, also besonders in einem nassen Frühjahr, aus. Die Pflanze reagiert mit Abwurf der Blätter, der zweite Austrieb ist meist nicht mehr infiziert.

Symptome: Blasig aufgetriebene Blätter, deren Farbe von Grün zu hellem Beige oder rötlichem Purpur wechselt. Dann überzieht sich die Blattoberseite mit einem weiß-pudrigen Sporenrasen. Schließlich Blattfall.

Betroffene Pflanzen: Pfirsiche, Nektarinen und verwandte Zierpflanzen der Gattung *Prunus*.

Vorbeugung: Beschneiden, um die Luftzirkulation zu verbessern. Alle befallenen Pflanzenteile vernichten.

Bei Befall: Im Haus- und Kleingartenbereich sind keine Pflanzenschutzmittel zugelassen.

Rosenmehltau

Mehltau an Rosen wird von einem Pilz (*Sphaerotheca pannosa*) verursacht. Er dringt in die jungen Rosenblätter ein und arbeitet sich zu Spross und Blüten vor. Dabei schwächt er die Pflanze so stark, dass er sie mitunter zum Absterben bringt.

Symptome: Pudrig weißer Pilzrasen auf der Oberseite der Blätter. Bei Jungtrieben kommt es zu Missbildungen. Sie werden gelb und sterben vorzeitig ab.

Betroffene Pflanzen: Alle Rosenarten.

Vorbeugung: Wässern Sie gut, weil der echte Mehltau sich bei heißem Wetter stärker ausbreitet. Regelmäßiges Beschneiden sorgt für gute Luftzirkulation. Infizierte Blätter aufsammeln. Möglichst resistente Sorten pflanzen.

Bei Befall: Mit einem passenden Fungizid wie Myclobutanil spritzen.

Ruß- und Brandkrankheiten

- **Brennfleckenkrankheit der Dahlie**

Der verursachende Pilz (*Entyloma caldendulae f. dahliae*) lebt im Boden und auf Pflanzenabfällen. Die Krankheit zeigt sich gewöhnlich erst ab der Sommermitte.

Symptome: Fahlbraune längliche Flecken mit gelbem Rand verschmelzen miteinander zu großen Flecken, die sich von den unteren Blättern aus zur Triebspitze ausbreiten.

Betroffene Pflanzen: Alle Formen der Dahlie.

Vorbeugung: Pflanzen Sie mindestens fünf Jahre lang keine Dahlien an von dem Pilz befallenen Stellen.

Bei Befall: Spritzen Sie mit der sogenannten Bordeaux-Mischung. Stark befallene Pflanzen sollten Sie entfernen und verbrennen. Tränken Sie den Boden mit Kresolsäurelösung. Entfernen Sie alle abgefallenen Blätter und andere Pflanzenteile von den überwinternden Knollen.

- **Chrysanthemen-Rost**

Dieser Pilz (*Puccinia horiana*) befällt Zimmer- und Freilandpflanzen gleichermaßen. Er überwintert gewöhnlich im Wurzelstock oder in abgefallenen Blättern der Chrysantheme.

Symptome: Cremefarbene (bis hellbraune) Pusteln auf der Blattunterseite. Gelbe Flecken auf der Blattoberseite. Die Blätter krümmen sich und fallen schließlich ab.

Betroffene Pflanzen: Alle Arten der Gattung Chrysanthemum.

Vorbeugung: Nur gesunde Pflanzen zur Vermehrung benutzen. Wärme und Feuchtigkeit im Gewächshaus vermeiden. Luftzirkulation verbessern.

Bei Befall: Infizierte Pflanzen entfernen und verbrennen. Ein handelsübliches Fungizid anwenden und vorbeugend die umstehenden Pflanzen besprühen.

● Löwenmäulchen-Rost

Dieser Rostpilz (*Puccinia antirrhini*) wird mit dem Saatgut verbreitet. Er steckt schnell umstehende Pflanzen an, die dann absterben.

Symptome: Kreisförmig angeordnete Pusteln voll dunkelbrauner Sporen auf der Blattunterseite, gelbe Flecken auf der Oberseite. Die Blätter verwelken und sterben ab, während die Krankheit sich auf Stängel und Blüten ausbreitet.

Betroffene Pflanzen: Löwenmäulchen (*Antirrhinum*).

Vorbeugung: Möglichst resistente Sorten wie „Monarch" oder „Royal Carpet" pflanzen.

Bei Befall: Infizierte Pflanzen entfernen und verbrennen. Mit Fungiziden spritzen.

● Pelargonienrost

Dieser Pilz (*Puccinia pelargonii-zonalis*) breitet sich schnell von Pflanze zu Pflanze aus. Die Sporen fliegen durch die Luft und keimen in feuchter Witterung. Auf abgestorbenen Blättern können sie bis zu drei Jahre überleben.

Symptome: Konzentrische Kreise von rötlichen Pusteln, in denen viele dunkelbraune Sporen sitzen, auf der Blattunterseite. Oberseits gelbliche Flecken. Die Blätter welken allmählich und fallen dann ab. Wenn die Krankheit nicht bekämpft wird, stirbt die Pflanze ab.

Betroffene Pflanzen: Alle Arten von Pelargonien außer den efeublättrigen.

Vorbeugung: Im Wintergarten und Gewächshaus die Feuchtigkeit reduzieren. Auf gute Hygiene achten. Infizierte Blätter stets aufsammeln. Erhöhte Pflanzabstände zur Verbesserung der Luftzirkulation.

Bei Befall: Infizierte Pflanzen entfernen und verbrennen. Mit einem handelsüblichen Fungizid spritzen.

● Rosenrost

Der verursachende Pilz (*Phragmadium tuberculatum* oder *P. mucronatum*) dringt von der Unterseite der Blätter her in die Pflanze ein. Er schwächt die Pflanze enorm, was häufig zum Absterben führt.

Symptome: Auf der Blattoberseite gelbliche Flecken, kleine orangefarbene Pusteln auf der Unterseite, häufig ringförmig angeordnet. Wenn der Pilz sich ausbreitet, wird das gesamte Blatt gelb und fällt vorzeitig ab.

Betroffene Pflanzen: Alle Rosenarten und -sorten.

Vorbeugung: Möglichst resistente Sorten pflanzen. Für gute Luftzirkulation sorgen.

Bei Befall: Alle infizierten Pflanzenteile aufsammeln und verbrennen. Ein handelsübliches Fungizid spritzen.

Blattflecken- und Fäulekrankheiten

● **Kraut- und Knollenfäule der Kartoffel**

Der Pilz (*Phytophthora infestans*) breitet sich vor allem bei warmer, feuchter Witterung aus. Er kann ein Kartoffelfeld in kürzester Zeit vernichten, wobei er die Knollen ebenso befällt wie die Pflanze selbst.

Symptome: Abgestorbene Stellen auf den Blättern, die vom Rand und den Spitzen nach innen wandern. Die Blätter welken und fallen ab, während die Flecken sich weiter ausbreiten. Bei feuchter Witterung weiße Pilzrasen auf der Blattunterseite. Schließlich welkt auch der Spross und stirbt ab.

Betroffene Pflanzen: Kartoffeln und Tomaten.

Vorbeugung: Nur gesunde Sorten pflanzen, zum Beispiel „Kondor", „Cara", „Estima", „Record", „Romano" und „Maris Peer".

Bei Befall: Wenn die Witterungsbedingungen es erfordern, können Sie vorbeugend mit Bordeaux-Mischung spritzen, um die Verbreitung der Fäulesporen zu verhindern.

● **Rhododendron-Blattflecken-krankheit**

Dieser Pilz (*Gloeosporium rhododendri*, syn. *Glomerella cingulata*) verursacht hässliche Flecken auf den Rhododendronblättern. Gefährlich wird dies nur, wenn die Pflanze aus anderen Gründen bereits geschwächt ist.

Symptome: Auf den Blättern purpurfarbene Flecken mit schwarzen Rändern, die in der Mitte schwarze Sporenbehälter tragen. Eine schlimme Attacke führt zu Vergilben und vorzeitigem Blattfall.

Betroffene Pflanzen: Alle Rhododendronarten und -sorten.

Vorbeugung: Düngen, gießen und mulchen Sie Ihre Rhododendren regelmäßig.

Bei Befall: Mit Myclobutanil oder einem anderen Fungizid spritzen. Abgefallene Blätter stets aufsammeln.

● Rotfadenkrankheit

Die Sporen des Verursachers der Rotfadenkrankheit (*Laetisaria fuciformis*, syn. *Corticium fuciforme*) brauchen manchmal zwei Jahre, um aktiv zu werden. Dabei greifen sie dann das Gras von Grünflächen an, attackieren aber auch die Wurzeln.

Symptome: Die absterbenden Grasflecken haben einen rötlichen Schimmer. Der Pilz an den einzelnen Gräsern zeigt rote, nadelförmige Strukturen.

Betroffene Pflanzen: Rasen, vor allem bestimmte Gräser wie Weidelgras (*Lilium perenne*), Schwingel (*Festuca*) und Wiesenrispe (*Poa pratensis*).

Vorbeugung: Rasen im Frühjahr und Sommer gut düngen, vor allem auch nach heftigen Regenfällen. Resistente Gräser pflanzen.

Bei Befall: Stickstoffhaltigen Dünger ausbringen, um Wachstum zu stärken.

● Sternrußtau an Rosen

Der Pilz (*Diplocarpon rosae*) kann das Absterben etablierter Rosenstöcke verursachen, wenn er mehrmals im Jahr auftaucht. Er überwintert in kleinen Wunden am Spross, in Knospen und auf abgefallenen Blättern bzw. unter Mulch.

Symptome: Purpurfarbene bis schwarze Flecken auf den Blättern, die sich ausbreiten und ineinander laufen, bevor die Blätter vergilben und abfallen. Die Krankheit breitet sich auch auf den Spross aus.

Betroffene Pflanzen: Alle Rosenarten und -sorten.

Vorbeugung: Alle infizierten Blätter aufsammeln und vernichten. Im Winter Erde und Pflanze mit Kresolsäurelösung bespritzen. Möglichst nur resistente Sorten pflanzen.

Bei Befall: Mit einem handelsüblichen Fungizid spritzen. Bereits nach dem Frühjahrsschnitt mit dem Spritzen anfangen.

● Wurzelhalsfäule am Buchs

Dieser Pilz (*Cylindrocladium spp.*) ist mit dem bloßen Auge kaum auszumachen. Er bringt die befallene Pflanze innerhalb eines Monats zum vollständigen Verkahlen und zum Absterben.

Symptome: Ganze Blattgruppen werden braun, später bleichen sie strohfarben aus. Auf der Unterseite der Pflanze findet sich ein weißlicher Pilzrasen. Der Stamm zeigt kurz vor dem Absterben schwarzbraune Streifen.

Betroffene Pflanzen: Buchs (*Buxus*) und seine Unterarten.

Vorbeugung: *Buxus microphylla* „Faulkner" ist weitgehend resistent.

Bei Befall: Gegen diesen Pilz gibt es kein Mittel. Befallene Pflanzen werden entfernt und verbrannt. Tränken Sie die Erde mit Kresolsäurelösung.

Pflanzenprobleme: Blüten und Früchte

Krankheiten und Schädlinge an Blüten und Früchten sind uns meist besonders lästig, weil sie das „Endprodukt" unserer Bemühungen schädigen. Eine befallene Blüte ist nicht besonders schön. Außerdem setzt sie keine Samen für das nächste Jahr an. Befallene Früchte reifen nicht aus, und selbst wenn sie es tun, sind sie meist nicht genießbar. Sie verfaulen schnell und lassen die Krankheit auf die gesamte Pflanze übergehen. Werden sie gelagert, so stecken sie mitunter auch noch gesunde Früchte an.

Natürlich zieht das weiche Gewebe der Früchte und Blüten zahlreiche Schädlinge an: Vögel wie den Dompfaff, aber auch Insekten und Milben. Einige Insekten legen ihre Eier in die Blüten von Obstbäumen, sodass sie die sich entwickelnden Früchte beeinträchtigen. Die Schäden können rein optischer Natur sein, aber auch so gefährlich, dass die Gesundheit der gesamten Pflanze bedroht ist. Mitunter allerdings müssen wir den Schaden auch gegen eventuelle Vorzüge abwägen. Der Ohrwurm beispielsweise ernährt sich von Blütenblättern und verewigt sich besonders gern am Rand. Doch er frisst ebenso gern Blattläuse.

Schäden an Früchten und Blüten gehen häufig auf Umweltbedingungen zurück. Zu wenig Wasser wirkt sich meist negativ auf die Entwicklung von Blüten und Früchten aus. Auch Nährstoffmangel führt zu Missbildungen. Diese Schäden können meist vermieden werden, wenn man regelmäßig gießt und düngt. Außerdem sollte man stets auf gute Hygiene achten. Sammeln Sie Pflanzenabfälle immer auf, damit Schädlinge und Krankheiten keinen Ort zum Überwintern bekommen. Bei Gemüse und Obst sollten Sie auf eine gesunde Fruchtfolge achten, um das Erdreich nicht zu sehr zu strapazieren und Infektionen vorzubeugen. Bei Fäule- und Schimmelkrankheiten spielt natürlich auch das Wetter eine Rolle. Viele Pilze mögen es feucht, sodass die Probleme sich in heißen, feuchten Sommern vervielfältigen können.

Wenn Sie ein Problem im Frühstadium erkennen, können Sie es bekämpfen, bevor es sich weiter ausbreiten kann. Infizierte Gemüsepflanzen oder Beerenruten sollten Sie entfernen und verbrennen. Ziersträucher hingegen müssen Sie an Ort und Stelle behandeln. Was an Ihrem Rhododendron auf den ersten Blick aussieht wie Knospensterben (bei dem sich die Knospen nicht öffnen, sondern sich mit einem schwarzen Pilz überziehen und dann absterben), ist vielleicht von einem unbemerkten Befall mit der Rhododendron-Zikade verursacht, die diesen Pilz mit sich trägt. In diesem Fall müssen Sie all Ihre Rhododendren spritzen, denn die Zikade hat vermutlich nicht bei einem Strauch Halt gemacht.

Leider lassen sich trotz aller Wachsamkeit nicht alle Probleme im Vorfeld erkennen. Manchmal merkt man erst, dass es Schwierigkeiten gab, wenn man den Mund öffnet und kräftig zubeißt – um dann vor einer Made oder braunen Stellen im Fruchtfleisch zurückzuschrecken. In diesem Fall kann man in Betracht ziehen, die Pflanzen beim Fruchtansatz vorbeugend zu spritzen bzw. sie mit Leimringen vor Insektenbefall zu schützen. Achten Sie darauf, neue Bäume nur bei ausgesuchten Pflanzschulen zu kaufen. Und entscheiden Sie sich im Zweifelsfall immer für die resistentere Sorte.

Fraßschäden

- **Apfelblütenstecher**

Der Rüsselkäfer (*Anthonomus pomorum)* ist etwa 6 mm lang. Er ist von brauner Farbe und zeigt weiße Markierungen. Seine Eier legt er in die Blütenknospen des Apfelbaumes.

Symptome: Die Blütenknospen entwickeln sich nicht mehr weiter, werden braun und verfaulen. In der Blüte liegt eine weiße Made von etwa 7 mm Länge.

Betroffene Pflanzen: Äpfel, auch die Ziersorten (*Malus*).

Vorbeugung: Es gibt keine effektive Methode.

Bei Befall: Hatten Sie letztes Jahr starken Befall zu verzeichnen, spritzen Sie dieses Jahr vorbeugend mit biologischen Insektiziden. Sprühen Sie kurz vor Sonnenuntergang, damit Sie Nützlingen keinen Schaden zufügen.

- **Apfelsägewespe**

Diese kleinen, fliegenähnlichen Insekten (*Hoplocampa testudinea*) sind etwa 1 cm lang und legen ihre Eier im Frühjahr in die geöffneten Blüten der Apfelbäume. Sie überwintern in der Erde der Baumscheibe.

Symptome: Die Früchte fallen frühzeitig ab. In den Früchten zeigt sich eine weiße, braunköpfige Made von 15 mm Länge. Einige Früchte entwickeln eine breite, bandförmige Narbe aus korkartigem Gewebe.

Betroffene Pflanzen: Alle Dessertäpfel, Kochäpfel werden nur selten befallen.

Vorbeugung: Abgefallene Früchte aufsammeln und vernichten. Die Baumscheibe lockern.

Bei Befall: Eine Woche nach dem Blütenfall mit biologischen Insektiziden spritzen.

● Apfelwickler

Der Kleinschmetterling (*Cydia pomo-nella*) legt seine durchscheinenden Eier um die Sommermitte in den Früchten und Blättern des Apfelbaumes ab.
Symptome: Die kleinen, weißen Raupen haben einen braunen Kopf. Sie bohren sich bis zum Zentrum der Frucht vor und verursachen häufig vorzeitigen Fruchtfall.

Betroffene Pflanzen: Apfel-, gelegentlich auch Birnbäume (*Pyrus*), Mispel (*Mespilus*) und Quitte (*Cydonia*).
Vorbeugung: Kontrollieren Sie den Befall mithilfe von Pheromonfallen.
Bei Befall: Spritzen Sie zwei Mal mit Bifenthrin oder einem Insektizid auf Rapsölbasis. Spritzen Sie im Abstand von drei Wochen von der Sommermitte an (je nachdem, wie viele Tiere Sie in der Pheromonfalle finden).

● Birnengallmücke

Dieses unscheinbare, kleine Insekt (*Contarinia pyrivora*) legt seine Eier auf den Blütenblättern der Birnbäume ab, nachdem es aus den Kokons im Boden geschlüpft ist, wo es überwintert.
Symptome: Die jungen Birnen fallen schon wenige Wochen nach ihrer Entwicklung ab. Im Zentrum der Frucht finden sich blass orangefarbene Maden von etwa 3 mm Länge.

Betroffene Pflanzen: Alle Arten des Birnbaums (*Pyrus*), auch die Zierpflanzen.
Vorbeugung: Abgefallene Früchte aufsammeln und vernichten.
Bei Befall: Mit Blühbeginn regelmäßig mit einem biologischen Insektizid zum Beispiel auf Rapsölbasis spritzen.

● Dompfaff

Diese kleinen, farbenprächtigen Vögel (*Pyrrhula pyrrhula*) ernähren sich bei kaltem Wetter von Knospen. Jeder Dompfaff, auch Gimpel genannt, kann pro Stunde 30 Knospen verzehren.
Symptome: Ganze Gruppen von Zweigen weisen keine einzige Knospe auf. Die Vögel fressen die Knospen vom Spätwinter bis ins Spätfrühjahr.

Betroffene Pflanzen: Eine ganze Reihe, darunter Apfelbäume (*Malus*), Kirsch- und Pflaumenbäume (*Prunus*), Forsythien, Stachelbeeren und Birnbäume (*Pyrus*).
Vorbeugung: Schützen Sie den Baum mit einem Netz von 25 mm Maschenweite.
Bei Befall: Möglicherweise sollten Sie Vogelscheuchen aufstellen.

● **Erbsenwickler**

Kleine geflügelte Insekten (*Cydia nigricana*) schlüpfen aus Kokons im Boden und befallen um die Sommermitte Erbsenpflanzen, auf deren Blüten sie ihre Eier ablegen.

Symptome: Etwa 6 mm lange Raupen mit cremeweißem Körper und schwarzem Kopf fressen in der Schote die Erbsen auf.

Betroffene Pflanzen: Viele Erbsensorten.

Vorbeugung: Pflanzen Sie besonders frühe und besonders späte Sorten. Auf diese Weise bleiben Ihre Erbsen zur Mittsommerzeit, wenn der Erbsenwickler seine Eier ablegt, blütenlos. Lockern Sie im Herbst die Erde. Entfernen Sie dabei überwinternde Kokons. Achten Sie auf eine gute Fruchtfolge.

Bei Befall: Sprühen Sie gegen die Raupen eine Woche nach der Blüte mit biologischen Insektiziden.

● **Ohrwurm**

Diese beweglichen Insekten von glänzend brauner Farbe (*Forficula auricularia*) werden bis zu 2,5 cm lang und haben zangenähnliche Kneifwerkzeuge am Hinterleib.

Symptome: Kleine, kreisförmige Löcher bzw. Kerben in den Blättern und Blüten der Pflanzen.

Betroffene Pflanzen: Krautig wachsende Stauden, vor allem Chrysanthemen und Dahlien, Zimmerpflanzen und junge Gemüsepflanzen.

Vorbeugung: Geringe Schäden sollte man in Kauf nehmen, da Ohrwürmer Fressfeinde von Läusen sind.

Bei Befall: Mit Fallen wie strohgefüllten, umgekehrt aufgehängten Töpfen kann man erwachsene Tiere fangen und auf blattlausgeschädigte Pflanzen umsetzen. Stark befallene Pflanzen können Sie mit einem biologischen Insektizid spritzen.

● **Pflaumenwickler**

Dieses kleine, geflügelte Insekt (*Cydia funebrana*) legt um die Sommermitte winzige, durchscheinende Eier auf Früchte und Blätter des Pflaumenbaums.

Symptome: Die Früchte reifen vorzeitig. Wenn man sie öffnet, sitzt darin eine rosafarbene, braunköpfige Made von etwa 12 mm Länge. Das Fruchtfleisch rund um den Stein ist aufgezehrt, die Früchte sind häufig missgebildet.

Betroffene Pflanzen: Alle Pflaumen-, Zwetschgen- und Reineclaudensorten.

Vorbeugung: Mit Pheromonfallen die Verbreitung männlicher Insekten kontrollieren. Alle abgefallenen Früchte aufsammeln und vernichten.

Bei Befall: Spritzen Sie von der Sommermitte an im Abstand von drei Wochen mit einem Insektizid auf Rapsölbasis, je nachdem, wie viele Männchen sich in der Pheromonfalle befinden.

Kleiner Frostspanner

Die Larven dieses Insekts (*Operophtera brumata*) entdeckt man häufig erst durch die mit einem Seidenfaden locker zusammengefügten „Blatthöhlen", in denen sie sich verbergen.

Symptome: Die gelbgrünen Raupen von 25 mm Länge zeigen blassgelbe Längsstreifen an den Seiten. Sie ernähren sich von Blättern, Früchten und Blüten gleichermaßen. Früchte entwickeln häufig Missbildungen.

Betroffene Pflanzen: Die meisten Obstbäume und viele Zierpflanzen.

Vorbeugung: Im Herbst die Bäume mit Leimringen versehen, sodass die flügellosen Weibchen nicht an ihnen hochkriechen können, um ihre Eier abzulegen.

Bei Befall: Gegen die Raupen regelmäßig mit einem biologischen Insektizid beispielsweise auf Rapsölbasis spritzen.

Wanzen

Kleine grüne Insekten (*Lygus rugulipennis* und *Lygocoris pabulinus*), die sich von den Triebspitzen der Pflanzen ernähren. Auf den ersten Blick sieht dies nach Verbissschaden aus, in Wirklichkeit aber geht er auf die beim Fressen verbreiteten Giftstoffe zurück.

Symptome: Blüten, Blätter und Triebe sind verkrümmt, im Pflanzengewebe zeigen sich zahlreiche Löcher. Die Blüten wirken etwas zerzaust. Die Früchte weisen Missbildungen auf.

Betroffene Pflanzen: Eine ganze Reihe, darunter Apfelbäume (Malus), Johannisbeer- und Stachelbeersträucher, Himbeeren und Erdbeeren, leider auch viele Zierpflanzen.

Vorbeugung: Gute Hygiene. Alle herabgefallenen Pflanzenteile sorgsam aufsammeln. Die Erde um die Basis der Pflanze lockern und unkrautfrei halten.

Bei Befall: Vom späten Frühjahr an in regelmäßigen Abständen mit Bifethrin spritzen. Bei Nutzpflanzen auf biologische Insektizide zurückgreifen.

Wussten Sie schon, dass ...

Sie einige Schädlinge mit Begleitpflanzen verwirren können? Setzen Sie Karotten und Zwiebeln nebeneinander, so überdeckt der Duft der Zwiebel den der Karotten, sodass die Möhrenfliege diese nicht entdeckt. Um diesen Effekt zu erzielen, müssen Sie allerdings mindestens sechs Reihen Zwiebeln neben eine Reihe Karotten pflanzen.

Schimmel- und Fäulekrankheiten

● **Blütenendfäule**

Diese Störung wird durch zu schwaches oder unregelmäßiges Gießen bewirkt. Dazu kommt noch Calciummangel.

Symptome: Ein schwarzer, eingesunkener Fleck an dem dem Blütenansatz gegenüberliegenden Ende der Pflanze. Meist sind nicht alle Früchte gleichermaßen betroffen.

Betroffene Pflanzen: Vor allem Tomaten und Paprika.

Vorbeugung: Stets reichlich gießen. Für ausreichend Calcium im Substrat sorgen, vor allem, wenn dieses Torf enthält.

Bei Befall: Setzen Sie eine Lösung von Calciumchlorid oder Calciumnitrat an (2 g auf 1 l Wasser) und spritzen Sie damit regelmäßig. Gießen Sie immer zur selben Tageszeit, um der Pflanze eine einigermaßen gleichmäßige Wasserversorgung zu garantieren.

● **Braunfäule**

Eine weitverbreitete Pilzkrankheit (*Sclerotinia fructigena*), die durch winzige Wunden eindringt und zum Verfaulen der Früchte führt. Die Früchte mumifizieren gleichsam, streuen aber bei feuchtem Wetter noch Sporen.

Symptome: Braune Faulstellen auf der Schale und im Fruchtfleisch. Mit weiter fortschreitender Krankheit konzentrische Ringe cremefarbener Sporenpusteln rund um die ursprüngliche kleine Infektionsstelle.

Vorbeugung: Alle befallenen Früchte absammeln und verbrennen.

Bei Befall: Während der Winterruhe einmal reichlich mit Kresolsäurelösung spritzen.

Farbvirose

Die durch ein Virus hervorgerufenen Farbveränderungen zeigen sich an vielen Pflanzen, besonders anfällig jedoch scheint die Tulpe zu sein. Das Virus wird von Sauginsekten wie Läusen übertragen.

Symptome: Streifen einer nicht sortenechten Farbe zeigen sich auf den Blüten. Einige Blüten zeigen Verwachsungen, andere totes Gewebe an den Blüten. Das Laub vergilbt mitunter, manchmal weist es Missbildungen auf.

Betroffene Pflanzen: Eine Vielzahl von Zierpflanzen, vor allem aber Tulpen.
Vorbeugung: Weiße und gelbe Sorten pflanzen, die resistent zu sein scheinen.
Bei Befall: Die infizierten Pflanzen entfernen und vernichten.

Feuerdorn-Schorf

Der Pilz (*Spilocaea pyracanthae*) befällt Früchte und Blätter. Die Blätter vergilben und fallen ab. Der Pilz überwintert darin bis zum nächsten Frühjahr.

Symptome: Schorfige, graugrüne bis olivgrüne Flecken auf den Beeren, die klein bleiben und nicht reifen, sondern vorzeitig abfallen.

Betroffene Pflanzen: Alle Feuerdorn-(Pyracantha-)Sorten.

Vorbeugung: Resistente Sorten wie „Golden Charmer", „Sappho Orange", „Sappho Red" und „Shawnee" pflanzen. Gelbe Blätter von den befallenen Pflanzen absammeln.
Bei Befall: Stark infizierte Triebe entfernen. Mit Myclobutanil besprühen.

Grauschimmel

Dieser Schimmelpilz (*Botrytis cinerea*) ist vermutlich der am weitesten verbreitete Schadorganismus. Er befällt eine Vielzahl von Pflanzen und hält sich auch auf totem Gewebe. Die Sporen können in der Erde inaktiv warten, bis ein passender Wirt in ihrer Nähe sprießt.

Symptome: Grauweißer Schimmelbelag überzieht die Pflanzen. Die Sporen wandern von der Oberfläche des Pilzrasens weiter.

Betroffene Pflanzen: Beinahe alle Pflanzen, vor allem solche mit weichem Gewebe, wie Blütenblätter und Früchte es aufweisen.
Vorbeugung: Alles befallene Pflanzenmaterial radikal entfernen. Pflanzen möglichst trocken stellen.
Bei Befall: Mit einem handelsüblichen Fungizid spritzen.

● **Maisbrand**

Der Pilz (*Ustilago maydis*) wird entweder durch den Wind verbreitet oder durch überwinternde Sporen in der Erde. In heißen, trockenen Sommern wird er eher zum Problem.

Symptome: Die Maiskolben schwellen an und zeigen beulenartige Verwachsungen. Die Pflanze kümmert. Die Schwellungen sind häufig von grauweißer Farbe. Wenn sie platzen, geben sie einen schwarzen Sporenregen frei.

Betroffene Pflanzen: Alle Maisarten, auch Ziermais.

Vorbeugung: Befallene Pflanzen entfernen und verbrennen. Dadurch wird verhindert, dass die Krankheit auf gesunde Pflanzen übergreift. Fruchtfolge einhalten.

Bei Befall: Alle infizierten Pflanzen entfernen und verbrennen, noch bevor die Sporen ausgestreut werden. So breitet die Krankheit sich nicht auf die gesunden Pflanzen aus.

● **Rhododendron-Knospensterben**

Der Pilz (*Pycnostyanus azaleae*) dringt in die geschlossenen Blütenknospen ein und bringt sie zum Vertrocknen. Die Krankheit wird von der Rhododendronzikade (*Graphocephala fennahi*) übertragen.

Symptome: Die Blütenknospen öffnen sich nicht, werden braun und hart. Sie fallen entweder ab oder bleiben als Mumien am Stamm hängen. Auf den Mumien zeigt sich ein dünner, weißer Pilzrasen.

Betroffene Pflanzen: Rhododendren und Azaleen.

Vorbeugung: Mit Bifenthrin oder einem biologischen Produkt auf Rapsölbasis spritzen, um den Zikadenbefall einzudämmen.

Bei Befall: Die befallenen Knospen entfernen und verbrennen.

● **Spitzendürre**

Die sogenannte Spitzendürre wird vom Pilz *Sclerotinia laxa* (auch *Monilia laxa*) ausgelöst. Er dringt in die Blüten und Blätter ein und sorgt dafür, dass sie verdorren. Dann wandert er in den Spross weiter, der ebenfalls abstirbt.

Symptome: Unmittelbar nach Aufblühen verwelken die Blüten und fallen ab. Da sie meist nicht entfernt werden, verbreiten sich die Sporen weiter. Auf den toten Trieben erscheinen kleine cremefarbene Pusteln.

Betroffene Pflanzen: Apfelbaum (*Malus domestica*), Kirsche (*Prunus cerasus* und *P. avium*) sowie Birnbaum (*Pyrus*).

Vorbeugung: Infizierte Blütenstände sowie Triebe entfernen und verbrennen.

Bei Befall: Mit einem biologischen Fungizid spritzen.

● Steinfrüchtigkeit

Das Virus beeinträchtigt Qualität und Geschmack der Früchte und wird gewöhnlich bei der Vermehrung der Pflanze übertragen. Häufig macht es sich erst nach Jahren bemerkbar.

Symptome: Die Früchte werden knotig und hart. Im Fruchtfleisch bilden sich harte Stellen, die holzig wirken. Meist sind die Früchte nicht mehr essbar.

Betroffene Pflanzen: Birne (*Pyrus*) und Quitte (*Cydonia*).

Vorbeugung: Möglichst garantiert virenfreie Bäume pflanzen. Bestimmte Sorten wie „Anjou", „Doyenne du Comice", „Lexton's Superb" und „Winter Nelis" meiden. Sie sind für das Virus besonders anfällig.

Bei Befall: Alle infizierten Pflanzen entfernen, damit das Virus nicht auch gesunde Bäume befällt.

● Stippigkeit

Diese nach ihrem häufigsten Vorkommen auch „Apfelstippigkeit" genannte Krankheit ist durch Calciummangel im Boden bedingt. Besonders anfällig sind junge, gut tragende Bäume sowie großfrüchtige Sorten wie „Bramleys Seedling" und „Mutsu" (auch „Crispin").

Symptome: Eingesunkene braune Flecken auf der Schale. Kleine braune Stellen im Fruchtfleisch, die sich mit Fortschreiten der Krankheit verbinden. Die Früchte schmecken bitter, wenn sie reif sind.

Betroffene Pflanzen: Alle Sorten des Apfelbaumes (*Malus domestica*).

Vorbeugung: Stets gut wässern und düngen. Regelmäßig auf Anzeichen von Krankheit überprüfen.

Bei Befall: Von Frühsommer bis Frühherbst mit Calciumnitratlösung spritzen.

Wussten Sie schon, dass …

Forscher in den USA ein Spritzmittel aus dem Pilz entwickelt haben, der die gefährliche Kohlhernie verursacht?

Pflanzenprobleme: Spross

Schäden am Stamm und an den Trieben sind der Pflanze am allerwenigsten zuträglich, selbst wenn sie nur sehr gering ausfallen. In den Trieben wird der Pflanzensaft transportiert, der das Lebenselixier der Pflanzen darstellt und die abgehenden Triebe bzw. den Rest der Pflanze versorgt. Wenn diese beschädigt sind, dann ist die Funktionsfähigkeit der Pflanze in ihrer Gesamtheit beeinträchtigt. Allerdings können die Pflanzen viele Schäden im Do-it-yourself-Verfahren reparieren. Nur wenn der Schaden wirklich gravierend ausfällt, stirbt die Pflanze ab. Am schlimmsten ist es, wenn Wucherungen den Trieb ringartig einschnüren, denn dann ist der ungehinderte Fluss des Pflanzensaftes eingeschränkt. In diesem Fall müssen Sie den Trieb bis ins gesunde Holz zurückschneiden. Dann kann die Pflanze von unterhalb neu austreiben.

Wir haben in diese Kategorie auch die Krankheiten der Zwiebel- und Knollenpflanzen aufgenommen, denn botanisch gesehen ist eine echte Zwiebelpflanze wie die Narzisse ein komprimierter Spross mit ihn umgebenden Blättern. Wenn Sie Ihre Zwiebelpflanzen nicht regelmäßig zum Überwintern ausgraben, werden Sie sich der Schäden an ihnen kaum bewusst – bis sie sich an Blüten und Blättern bemerkbar machen. In diesem Fall müssen Sie die Zwiebeln ausgraben, um den Schädling identifizieren zu können. Von Krankheiten infizierte Zwiebeln graben Sie am besten aus und vernichten sie ganz.

Andere Krankheitserreger wie der Pilz *Chondrostereum purpureum*, der an Pflaumen- und Kirschbäumen Bleiglanz auslöst, bleiben im Holz verborgen. Die Symptome, die Sie sehen, sind das Resultat der Infektion, nicht die Ursache der Krankheit. Die Symptome machen sich an den Wurzeln bemerkbar, die Infektion aber sitzt in den Trieben.

Größere Schädlinge können selbst ausgewachsene Pflanzen in kürzester Zeit ernsthaft in Mitleidenschaft ziehen. Dringt Rotwild in den Garten ein, dann müssen Sie mit Bissschäden, zumindest an den nicht verholzenden Pflanzen, rechnen. (Bei schlechtem Wetter allerdings macht es sich auch an Bäumen und Sträuchern zu schaffen.) Das sorgt für offene Wunden an den Pflanzen, da Rotwild das „Futter" mangels Zähnen am Oberkiefer abreißen muss. Hasen sind ein wenig heikler, was die Nahrung angeht, sind aber potenziell genauso schädlich, vor allem, wenn Sie Gemüse anbauen. Äpfel auf Niedrigstammbäumchen lieben sie geradezu.

Einige der kleineren Schädlinge, wie zum Beispiel die Schildlaus, verstecken sich gut und sind nur schwer auszumachen. Sie verbergen sich unter einem wachsartigen Überzug, sodass man sie nur nach sehr eingehender Inspektion entdeckt.

Welke Blätter und mangelndes Wachstum des Neuaustriebs sollten Sie stets zu einer solchen veranlassen. Wollläuse hingegen kann man am Trieb leicht erkennen, da der weißliche Überzug sich meist gut gegen den Hintergrund abhebt. Allerdings ist er mit chemischen Mitteln nur schwer zu durchdringen. Für diese Tiere muss dann ein systemisches Insektizid zum Einsatz kommen.

Saugschäden

● **Blutlaus**

Dieses Sauginsekt (*Eriosoma lanigerum*) ist auf seiner Wirtspflanze das ganze Jahr über präsent. Da der wollige Wachsüberzug das Tier schützt, ist ihm schwer beizukommen.

Symptome: Eine flaumige, weiße Substanz erscheint an den Trieben rund um die Beschnittstellen. Am Neuaustrieb führt das Saugen zu kleinen, korkigen Schwellungen.

Betroffene Pflanzen: Apfel und Holzapfel (*Malus*), Zwergmispel (*Cotoneaster*) und Feuerdorn (*Pyracantha*).

Vorbeugung: Während der Winterruhe reichlich mit einem Mineralölpräparat spritzen, um die überwinternden Insekten abzutöten. Isolierte Infektionen ausschneiden.

Bei Befall: Im Frühjahr mit Rotenon spritzen. Bei Nutzpflanzen auf ein biologisches Insektizid zurückgreifen.

● **Grüne Pfirsichblattlaus**

Die kleinen Insekten (*Myzus persicae*), die sowohl geflügelt als auch flügellos vorkommen, sind entweder blassgrün, gelb oder rosafarben. Sie übertragen Viruskrankheiten.

Symptome: Triebspitzen und junge Blätter wachsen verkrümmt. Auf den unteren Blättern findet sich Honigtau, der sich mit Schwärzepilzen überzieht.

Betroffene Pflanzen: Eine ganze Reihe von Zier- und Nutzpflanzen.

Vorbeugung: Stark infizierte Pflanzen entfernen und verbrennen. Zwischen den gefährdeten Pflanzen Ringelblumen und Tagetes setzen. Diese ziehen Schwebfliegen an, natürliche Fressfeinde der Blattlaus.

Bei Befall: Regelmäßig mit Pyrethrin spritzen. Bei Nutzpflanzen auf Rapsölpräparate zurückgreifen.

● Napfschildlaus

Diese Insekten (*Parthenolecanium corni*) sehen aus wie kleine, braune Pickel von 1–6 mm Länge, die Triebe und Blätter bedecken. Sie ernähren sich vom Pflanzensaft, was die ganze Pflanze schwächt.

Symptome: Das Wachstum ist beeinträchtigt. Die Blätter vergilben. Die Pflanze wird geschwächt und anfälliger für Krankheiten und andere Schädlinge. Auf den unteren Blättern überzieht sich der Honigtau, den die Schildlaus auf den Blättern zurücklässt, mit Schwärzepilzen.

Betroffene Pflanzen: Viele Zierpflanzen, auch in Gewächshaus und Wintergarten.

Vorbeugung: Leimringe an den Haupttrieben, mit denen Sie den Larven das Hochkriechen an der Pflanze unmöglich machen.

Bei Befall: Zur Sommermitte die Schlupfwespe *Metaphycus helvolus* ausbringen. Im späten Frühjahr mit Produkten auf Fettsäurebasis spritzen, um die Larven zu töten.

● Rübenkopfälchen und andere Fadenwürmer

Diese winzigen Schädlinge (*Ditylenchus dipsaci*) werden korrekt „Nematoden" genannt. Sie leben im Innern der Pflanze und sind am aktivsten zwischen Frühling und Spätsommer.

Symptome: Schwaches, verkrümmtes Triebwachstum. Am Rand der Blätter braunes, totes Gewebe. Die Basis der Jungpflanzen zeigt sich häufig geschwollen. Dann verdickt sich der Stamm und beginnt zu faulen. Rübenknollen faulen noch, wenn sie später gelagert werden.

Betroffene Pflanzen: Älchen befallen viele Arten und Sorten, im Besonderen aber Phlox sowie Narzissen, Knoblauch und Zwiebeln (*Allium*).

Vorbeugung: Auf gute Fruchtfolge achten. Phlox, Zwiebelpflanzen, Tomaten und Kartoffeln nicht in infizierter Erde ziehen.

Bei Befall: Chemische Pflanzenschutzmittel sind im Hausgarten nicht zugelassen. Infizierte Pflanzen entfernen und verbrennen.

● Wolllaus

Diese Insekten (*Pseudococcus spp.* und *Planococcus spp.*) wirken wie winzige, pelzige Pusteln von etwa 4 mm Länge, die Stamm und Triebe bedecken. In einer warmen, feuchten Umgebung pflanzen sie sich das ganze Jahr über fort.

Symptome: Die Pflanze wächst verkrüppelt und wird immer schwächer. Sie ist anfällig für andere Schädlinge bzw. Krankheiten. Auf den unteren Blättern hinterlassen die Tiere Honigtau, der sich mit Schwärzepilzen überzieht.

Betroffene Pflanzen: Viele Zierpflanzen, auch in Gewächshaus und Wintergarten.

Vorbeugung: Achten Sie darauf, neue Pflanzen weitab von den etablierten aufzustellen, bis Sie sicher sein können, dass Sie keinen Schädling einschleppen.

Bei Befall: Mitte des Sommers den Marienkäfer *Cryptolaemus montrouzieri* ausbringen, wenn die Temperaturen nicht mehr unter 10 Grad Celsius sinken. Die befallenen Pflanzen mit Flüssigseife bzw. Produkten auf Fettsäurebasis spritzen.

Fraßschäden

● **Blausieb**

Das große Insekt (*Zeuzera pyrina*) legt seine Eier in der Rinde von Bäumen ab. Die Raupe frisst sich dann in den Stamm, bis sie eine Länge von 55 mm erreicht hat, was etwa zwei Jahre dauert. Im Stamm bleibt ein Fraßgang zurück.

Symptome: Das Blattwerk vergilbt, Triebe sterben ab. Manchmal platzt der Stamm über einem der Fraßgänge auf. Darin liegt eine cremeweiße Raupe mit dunklen Flecken.

Betroffene Pflanzen: Bäume, vorzugsweise Apfelbaum (*Malus*), Esche (*Fraxinus*), Birke (*Betula*), Weißdorn (*Crataegus*), Ahorn (*Acer*), Eiche (*Quercus*) und Birnbaum (*Pyrus*).

Vorbeugung: Keine Vorbeugung möglich, da Befall nur vereinzelt.

Bei Befall: Führen Sie einen Draht in den Fraßgang ein, um die Raupe zu töten.

● **Feldhasen und Kaninchen**

Kaninchen (*Oryctolagus cuniculus*) und Feldhasen (*Lepus europaeus*) müssen Tag für Tag etwa 500 g Pflanzenmaterial aufnehmen. Ein paar Kaninchen können einem Garten ganz schön zusetzen.

Symptome: Im Winter finden sich Fraßschäden an der Baumborke in etwa 45 cm Höhe vom Boden. Zieht sich der Fraßschaden rund um den Baum, treibt der Baum im Frühjahr zwar aus, stirbt aber danach oberhalb der Wunde ab.

Betroffene Pflanzen: Vor allem junge Bäume, im Besonderen der Apfelbaum und seine Verwandten.

Vorbeugung: Maschendraht- oder Plastikgitter rund um den Baum. Achten Sie auf eine Höhe von mindestens 60 cm.

Bei Befall: Errichten Sie um alle Bäume Schutzzäune.

Nacktschnecken

Nacktschnecken haben einen bis zu 10 cm langen, schlauchartigen Körper, der ganz mit klebrigem Schleim überzogen ist. Ihre Farbe reicht von Cremeweiß über Braun zu Schwarz.

Symptome: Die Schnecken fressen kreisförmige Löcher ins Pflanzengewebe. Beschädigte Sämlinge gehen normalerweise ein. Schnecken sind gewöhnlich nachts unterwegs.

Betroffene Pflanzen: Schnecken machen vor nahezu keiner Pflanze Halt und schädigen alles, was sie erreichen können. Sie lieben feuchte Orte und tonige Böden.

Vorbeugung: Achten Sie auf guten Wasserabzug im Boden. Halten Sie die Erde unkrautfrei. Entfernen Sie sämtliche Pflanzenabfälle. Bringen Sie *Phasmarhabditis hermaphrodita* aus, eine Nematodenart, die Schnecken mit todbringenden Bakterien infiziert. Nur bei Temperaturen über 5 Grad Celsius.

Bei Befall: Spritzen Sie im Frühjahr, wenn die Schnecken ihre Eier rund um die Pflanzenbasis ablegen, mit Aluminiumsulfat- oder Metaldehydpräparaten.

Rosengallwespe

Eine kleine Wespe (*Diplolepis rosae*) legt ihre Eier im Sommer in den Trieben ab. Die von der Larve ausgeschiedenen Stoffe regen das Pflanzengewebe an dieser Stelle zur Bildung von moosigen Auswüchsen, den Gallen, an.

Symptome: Kugelförmige, orangefarbene oder grüne Gallen von bis zu 6 cm Durchmesser, die von den Larven im Innern der Triebe verursacht werden.

Betroffene Pflanzen: Rosen aller Arten und Sorten.

Vorbeugung: Es gibt keine sinnvollen Vorbeugungsmaßnahmen.

Bei Befall: Die Gallen scheinen der Pflanze weiter nicht zu schaden, sehen aber nicht gut aus. Befallene Triebe abschneiden und verbrennen.

Wild

Damhirsche (*Dama dama*) und Rehe (*Capreolus capreolus*) kommen in den Morgenstunden in waldnahe Gärten, um zu grasen.

Symptome: Triebe, Triebspitzen und Zweige werden abgefressen. Es bleibt eine faserige Verbissstelle zurück. Schälschäden an Baumstämmen.

Betroffene Pflanzen: Beinahe alle Pflanzen, die verholzenden Arten wie Rosen bzw. Sträucher etwas weniger.

Vorbeugung: Pflanzen Sie aromatische Stauden wie Lavendel oder Moschusrosen bzw. besonders stachlige Rosen und Schattenglöckchen (*Pieris spp.*).

Bei Schäden: Sie können die Schädlinge durch einen mindestens 2 m hohen Zaun abhalten. Oder Sie können dort, wo das Wild in den Garten kommt, Stoffsäckchen mit Menschenhaar (vom Friseur) aufhängen.

Krebs- und Welkekrankheiten

● **Bleiglanz**

Der Pilz *Chondrostereum purpureum* dringt in der winterlichen Ruhephase ins Holz der Pflaumenbäume (*Prunus*) ein.
Symptome: Die Blätter befallener Bäume nehmen einen silbrigen Glanz an. Anfangs sterben einzelne Äste ab, schließlich der ganze Baum. Nach dem Absterben erscheinen auf dem Holz dunkelgraue bis purpurfarbene Fruchtkörper.

Betroffene Pflanzen: Alle Arten und Sorten der Gattung *Prunus* und ihre Verwandten sowie Pappeln (*Populus*).
Vorbeugung: Führen Sie den Beschnitt im Sommer durch, wenn es keine Sporen gibt.
Bei Befall: Befallene Äste sofort entfernen und verbrennen. Schneiden Sie mindestens 15 cm ins gesunde Holz zurück. Stark befallene Bäume müssen entfernt werden.

● **Feuerbrand**

Der Feuerbrand wird von einem Bakterium (*Erwinia amylovora*) verursacht, das sich auf einem Wasserfilm vorwärtsbewegt. Es dringt in die Weichteile der Pflanze ein und führt zum Absterben der Pflanze.
Symptome: Blüten und Jungtriebe werden schwarz und kräuseln sich. Blätter welken und werden braun. Bei fortschreitender Erkrankung sterben zuerst die befallenen Triebe, dann die ganze Pflanze ab.

Betroffene Pflanzen: Viele Rosenarten und -sorten, dazu Zwergmispel (*Cotoneaster*), Holzapfel (*Malus*), Weißdorn (*Crataegus*), Feuerdorn (*Pyracantha*), Eberesche (*Sorbus*) und Quitte (*Cydonia*).
Vorbeugung: Möglichst resistente Sorten pflanzen.
Bei Befall: Alle betroffenen Pflanzen entfernen und vernichten. Alle Werkzeuge zum Schnitt desinfizieren.

● Obstbaumkrebs

Ein Pilz (*Nectria galligena*) verursacht Schwellungen und Verwachsungen am Stamm der Pflanze, der abstirbt, sobald die Wucherungen ihm die Saftzufuhr abschnüren.

Symptome: Offene Wunden (die mitunter nässen), unebenes Narbengewebe, Verwachsungen oder korkige Schwellungen.

Betroffene Pflanzen: Eine ganze Reihe von Bäumen, darunter Apfelbaum (*Malus*), Buche (*Fagus*), Weißdorn (*Crataegus*), Birne (*Pyrus*), Pappel (*Populus*), Eberesche (*Sorbus*) und Weide (*Salix*).

Vorbeugung: Achten Sie darauf, die Pflanze beim Beschneiden nicht zu verletzen. Wunden immer gut versäubern. Für guten Wasserabzug sorgen und Jungpflanzen nur in guten Fachbetrieben kaufen.

Bei Befall: Infizierte Triebe abschneiden und verbrennen. Wunden mit Fungizid versorgen.

● Rotpustelkrankheit

Dieser weitverbreitete Pilz tritt durch abgestorbenes Holz in die Pflanze ein und dringt von dort ins gesunde Holz des Baumes vor.

Symptome: Im Sommer zeigen einzelne Äste Welkeerscheinungen. Unter ihrer Borke finden sich graubraune Flecken. Im Herbst überziehen die toten Teile sich mit korallenroten Pusteln.

Betroffene Pflanzen: Zahlreiche verholzende Pflanzen wie der japanische Ahorn (*Acer palmatum*), Magnolien, Maulbeerbäume (*Morus*), Feuerdorn (*Pyracantha*) und Walnussbäume (*Juglans*).

Vorbeugung: Führen Sie den jährlichen Pflegeschnitt im Sommer durch, wenn sich keine Pilzsporen in der Luft finden. Lassen Sie das Schnittmaterial nicht rund um den Baum liegen.

Bei Befall: Entfernen und verbrennen Sie krankes Holz so schnell als möglich.

● Ulmensterben

Diese Krankheit wird von einem Pilz verursacht (*Ophiostoma ulmi*, syn. *Ceratocystis ulmi*), der die Leiterbahnen des Baumes verstopft, was zum Absterben der Pflanze führt. Die Krankheit wird vom Ulmensplintkäfer (*Scolytus scolytus*) und vom Kleinen Ulmensplintkäfer (*S. multistriatus*) übertragen. Beide ernähren sich vom Neuaustrieb der Bäume.

Symptome: Jungtriebe welken an den Spitzen, diese krümmen sich nach unten wie ein Hirtenstab. Die Blätter vergilben, werden braun und fallen ab. Schließlich stirbt der ganze Baum ab. Die Borke blättert regelrecht ab, die Fraßgänge des Käfers werden sichtbar.

Betroffene Pflanzen: Viele Buchenarten (*Ulmus*) sowie die in Japan verbreiteten Arten der *Zelkova spp*.

Vorbeugung: Einige asiatische Sorten wie „Sapporo Autumn Gold" und die Art *Ulmus laevis* scheinen immun zu sein.

Bei Befall: Im Moment gibt es keine wirksamen Gegenmaßnahmen.

Gallen und Hexenreiser

● **Azaleengallen**

Ein Pilz (*Exobasidium vaccinii*) produziert Sporen, die durch Wind und Insektenflug verbreitet werden. Die Symptome zeigen sich mitunter erst Monate nach der Infektion.

Symptome: Schwellungen an den Triebspitzen, Blättern und mitunter auch an den Blüten. Ihre Farbe reicht von Grün bis Rosarot. Wenn die Sporen abgegeben werden, färben die Gallen sich weiß.

Betroffene Pflanzen: Rhododendren und Azaleen in Zimmer- bzw. Freilandkultur.

Vorbeugung: Für gute Durchlüftung und wenig Feuchtigkeit sorgen. Nehmen Sie von infizierten Pflanzen keine Stecklinge.

Bei Befall: Entfernen und verbrennen Sie die Gallen rechtzeitig, bevor sie Sporen freisetzen.

● **Fichtengallen**

Ein kleines Sauginsekt namens *Adelges abietis* ernährt sich von den Koniferenzapfen. Seine Ausscheidungen bringen die Gallen hervor.

Symptome: Geschwollene Triebspitzen, die aussehen wie kleine, grüne Ananasfrüchte. Beim Öffnen werden die Insekten sichtbar. Häufig kommt es zum Abwurf der Nadeln, wobei große, kahle Stellen entstehen, an denen gewöhnlich kein Neuaustrieb mehr erfolgt.

Betroffene Pflanzen: Alle Fichtenarten (Picea) und viele andere Nadelbäume.

Vorbeugung: Gießen Sie die Nadelbäume gut. Im Sommer die Nadeln mit Wasser besprühen.

Bei Befall: Spritzen Sie zwischen Spätherbst und Frühjahr regelmäßig mit einem systemischen Insektizid. So wird das Insekt vernichtet, noch bevor es Eier legen kann.

● Hexenreiser

Diese seltsamen Wuchsverdichtungen, die man auch „Hexenbesen" nennt, werden von einem Pilz verursacht (*Taphrinia spp.*), mitunter aber auch von Milben.

Symptome: Büschel dichten, unregelmäßigen Zweigwuchses, die von unten aussehen wie ein Vogelnest. Gewöhnlich bemerkt man sie erst im Winter nach dem Laubfall.

Betroffene Pflanzen: Akazie, Birke (*Betula*), Kirsch- und Pflaumenbaum (*Prunus*), Hainbuche (*Carpinus*), aber auch andere Bäume.

Vorbeugung: Nicht möglich.

Bei Befall: Zweigbüschel ausschneiden und verbrennen. Allerdings sind die Büschel nicht schädlich.

● Kronengallen

Diese Krankheit wird von einem Bakterium (*Agrobacterium tumefaciensis*) verursacht, das sich auf einer ganzen Reihe von Pflanzen findet, aber bei geringem Befall häufig nicht bemerkt wird.

Symptome: Unregelmäßige, kugelförmige Auswüchse an Stamm und Ästen. Die Gallen erscheinen hart, hölzern und dornig bei verholzenden Pflanzen, weich und fleischig an Stauden. Manchmal verfaulen sie später. Die Pflanzen zeigen Minderwuchs.

Betroffene Pflanzen: Viele Obst- und Gemüsesorten sowie staudige und verholzende Zierpflanzen.

Vorbeugung: Die Bakterien leben im Boden und bleiben häufig inaktiv, sodass eine Vorbeugung normalerweise nicht möglich ist.

Bei Befall: Entfernen und verbrennen Sie die befallenen Triebe, an denen sich die Gallen zeigen.

● Krummwuchs

Verwachsungen, die gewöhnlich durch unregelmäßige Zellteilung auftreten. Manche werden durch Bakterien bzw. Insekten, andere durch genetische Veränderungen verursacht.

Symptome: Flach- oder Krummwuchs. Mitunter wachsen mehrere Stämme aus einer Wurzel. Die Blätter sitzen in Gruppen zusammen. An Baumstämmen zeigen sich mitunter Schwellungen.

Betroffene Pflanzen: Kann an nahezu allen Pflanzen vorkommen, häufiger jedoch bei verholzenden.

Vorbeugung: Nicht möglich. Einige Pflanzen werden gerade ob dieser Verwachsungen kultiviert, zum Beispiel bestimmte Weidensorten (*Salix udensis* „Sekka", syn. S. „Setsuka"). Alle Sorten, die ein „contorta" im Namen tragen, weisen diese Wuchsform auf, zum Beispiel die Haselnusssorte *Corylus avellana* „Contorta".

Bei Befall: Falls der Krummwuchs nur einzelne Zweige betrifft, können Sie diese einfach entfernen.

Pflanzenprobleme: Wurzeln

Das größte Problem bei einer Wurzelerkrankung ist zweifellos die Tatsache, dass sie nur selten bemerkt wird, bevor es zu spät ist. Niemand gräbt schließlich regelmäßig den Wurzelstock seiner Gartenpflanzen aus, wenn nicht Symptome an der Pflanze selbst Misstrauen erregen. Doch dann ist es meistens schon zu spät.

Auch hier sind viele verschiedene Ursachen möglich: Saug- oder Fraßschäden an den Wurzeln selbst oder um sie herum, sodass die Wurzel den Kontakt mit der Erde verliert. Pilze oder Bakterien, die die Wurzel allmählich schwächen, bis sie abstirbt. Womöglich bleiben auch noch offene Wunden an der Wurzel zurück, die für andere Schädlinge geradezu zum Einfallstor werden. Im Boden leben nämlich unerkannt zahlreiche Schadorganismen, die jedoch nur dann zum Problem werden, wenn sie eine „offene Tür" finden.

Wenn die Schadorganismen „oberirdisch" angreifen, bemerkt man sofort die entsprechenden Anzeichen: angenagte oder vergilbte Blätter, die Tiere selbst oder zumindest das von ihnen ausgelöste verkrüppelte Wachstum. Dann können Sie schnell reagieren. Bei einem Angriff auf die Wurzeln bemerken Sie den Schaden erst, wenn die Pflanze welkt und abstirbt. Hier ist es also besonders wichtig, Ihre Pflanzen gut zu kennen. Bleiche, müde Blätter, ungewöhnlich kleine Blüten oder Knospen, die vor der Zeit abfallen, zeigen, dass etwas nicht stimmt.

Allgemein ist Minderwuchs ein guter Indikator, dem Sie vielleicht durch eine gründliche Inspektion des Bodens nachgehen sollten. Graben Sie die Pflanze aus und untersuchen Sie den Wurzelstock. Ist sie gesund, setzen Sie sie einfach ins Pflanzloch zurück. Ist sie jedoch infiziert, muss sie behandelt und am besten auch isoliert werden.

Eine gesunde Pflanze wird mit einer Schädlingsattacke besser fertig als eine ohnehin schon geschwächte. Sorgen Sie also dafür, dass die Pflanzen in Ihrem Garten immer regelmäßig gegossen und mit Nährstoffen versorgt werden. Untersuchen Sie die Pflanzen regelmäßig. Sorgen Sie für die nötigen Spurenelemente. Halten Sie den Boden unkrautfrei und entfernen Sie immer sofort alle Pflanzenabfälle, wenn Sie Ihre Pflanzen beschneiden. Wenn Sie Setzlinge oder Stecklinge bewurzeln lassen möchten, achten Sie darauf, dies in schädlingsfreier Erde zu tun. Jungpflanzen sollten Sie nur bei einem Gärtner Ihres Vertrauens kaufen. Wenn ein bestimmtes Problem in Ihrem Garten schon aufgetreten ist, setzen Sie beim Kauf auf resistente Sorten, wie schön die anderen auch immer sein mögen. Es gibt allmählich immer mehr krankheitsresistente Sorten, die nur noch in unsere Gärten Einzug halten müssen. Wenn Sie glauben, Ihre Pflanzen seien befallen, sollten Sie die Mühe des Wurzelstockausgrabens nicht scheuen. Nur wenn Sie den Schaden einwandfrei identifizieren, haben Sie eine Chance, Ihren Garten gesund zu erhalten.

Saugschäden

● **Wurzelälchen**

Diese winzigen Würmer (*Xiphenema spp.*) leben in oder auf der Wurzel sowie im Spross der Pflanzen. Eine andere Älchenform (*Heterodera spp.*) verursacht knollige Auswüchse. Sie kann jahrelang inaktiv im Boden ruhen.

Symptome: Blätter vergilben. Es zeigen sich Verwachsungen. Die Pflanzen welken. An den Wurzeln werden kleine Pusteln sichtbar. Infizierte Früchte sind nicht lagerfähig und verfaulen. Viele Älchen übertragen Viruskrankheiten.

Betroffene Pflanzen: Gemüse und Zierpflanzen, vor allem Kohl, Zwiebeln, Erbsen, Kartoffeln, Tomaten und alle Arten des Feigenbaums (*Ficus*).

Vorbeugung: Resistente Sorten pflanzen. Für guten Wasserabfluss sorgen. Wenden Sie eine gute Fruchtfolge an, sodass dieselbe Nutzpflanze erst wieder nach mindestens sieben oder acht Jahren am selben Platz steht.

Bei Befall: Alle befallenen Pflanzen sofort entfernen und verbrennen.

● **Wurzelgallenälchen**

Diese etwa 1 mm langen wurmähnlichen Schädlinge (*Meloidogyne spp.*) leben in den Wurzeln der Pflanzen. Ein Weibchen legt im Monat bis zu 500 Eier.

Symptome: Das Laub ist meist gelb oder blassgrün. Es kommt zu Verwachsungen und Minderwuchs. An den Wurzeln sind kleine knotige Verdickungen sichtbar. Infizierte Früchte lassen sich nicht lagern und welken oder verfaulen sehr schnell.

Betroffene Pflanzen: Pflanzen, die im Gewächshaus oder auf leichter, sandiger Erde stehen. Vor allem Chrysanthemen, Alpenveilchen, Karotten, Zwiebeln, Kartoffeln und Tomaten.

Vorbeugung: Resistente Sorten pflanzen. Wasserabzug verbessern. Fruchtfolge anwenden. Im Gewächshaus auf Hochbeeten pflanzen.

Bei Befall: Verseuchte Erde austauschen. Befallene Pflanzen vernichten.

● Wurzelläuse

Es gibt viele Formen von Wurzelläusen. Sie werden etwa 3 mm lang und reichen farblich von Cremeweiß bis hin zu bläulichem Grün. Sie leben auf den Wurzeln der Pflanzen und ernähren sich von ihrem Saft.

Symptome: Eingeschränktes Wachstum, Welkeerscheinungen, auch wenn die Erde feucht ist. Ausgegrabene Wurzeln zeigen den weißen Wachsüberzug, der für die Wurzellaus typisch ist.

Betroffene Pflanzen: Aurikel und Rosen, grüne Bohnen, Topinambur und Salat.

Vorbeugung: Befallene Pflanzen entfernen und verbrennen. Ameisenbefall kontrollieren, da diese die Läuse als Milchkühe für ihren Honigtau benützen.

Bei Befall: Die Wurzellaus ist äußerst schwer zu bekämpfen. Bei Nutzpflanzen verbieten sich Insektizide von selbst. Bei Zierpflanzen können Sie mit Imidacloprid tränken.

● Wurzelwollläuse

Kleine, 2–3 mm lange, flache Insekten (*Rhizoecus spp.*), die von einer wolligen, weißen Substanz bedeckt sind. Sie leben auf den Wurzeln der Pflanze.

Symptome: Die Pflanzen wachsen schwächlich und sind anfällig für alle Arten von Krankheiten bzw. Schädlingen.

Betroffene Pflanzen: Meist Topfpflanzen in trockener Erde mit geringem Wasserspeichervermögen, die noch dazu schlecht gegossen werden. Besonders häufig leiden Usambaraveilchen, Kakteen, Fuchsien und Pelargonien.

Vorbeugung: Gut wässern. Pflanzen, die unter Umständen befallen sind, sofort aussondern und vernichten. Ameisen im Garten einer strengen Kontrolle unterziehen, da diese die Läuse „melken".

Bei Befall: Setzen Sie Imidaclopridpräparate ein.

Wussten Sie schon, dass ...

Rotenon (auch „Rotenol" genannt) aus südamerikanischen Hülsenfrüchten (*Derris spp.* und *Lonchocarpus spp.*) gewonnen wird?

Fraßschäden

● **Asseln**

Graue oder rosabraune Krustentiere (*Oniscus asellus*, *Armadillium vulgare* und andere) von etwa 15 mm Länge. Wenn man sie stört, rollen sie sich kugelförmig zusammen.

Symptome: Sie fressen sich durch Wurzeln und Spross. Die Pflanzen welken und sterben ab. Manchmal verrottet auch der Spross wegen Fraßschäden.

Betroffene Pflanzen: Viele Sämlinge von Gemüse- und Zierpflanzen.

Vorbeugung: Sterilisieren Sie Töpfe und Saatschalen. Halten Sie das Substrat so trocken wie möglich. Asseln mögen es feucht.

Bei Befall: Streuen Sie unter Steinen und an anderen Stellen, an denen die Tiere sich verstecken, ein passendes Insektizid aus.

● **Dickmaulrüssler**

Die weiße, beinlose Larve des Käfers (*Otiorhynchus sulcatus*) hat einen schwarzen oder dunkelbraunen Kopf. Sie ernährt sich von den Wurzeln der Pflanzen. Die erwachsenen Käferweibchen sind etwa 9 mm lang.

Symptome: Pflanzen welken oder gehen ganz ein. Untersucht man sie näher, stellt man fest, dass fast keine Wurzeln mehr da sind. Der erwachsene Käfer frisst kleine, kreisförmige Buchten in den Blattrand.

Betroffene Pflanzen: Begonien, Kamelien, Alpenveilchen, Fuchsien, Primeln, Rhododendren und viele mehr.

Vorbeugung: Vermeiden Sie Gefäßbruch bei Containerpflanzen. In Pflanzenabfällen verstecken sich die Weibchen des Dickmaulrüsslers. Mulchen Sie mit Kies, um die Eiablage zu verhindern.

Bei Befall: Gießen Sie die Erde rund um befallene Pflanzen mit Nematodenpräparaten (*Heterohabditis megidis* und *Steinernema carpocapsae*). Zum chemischen Pflanzenschutz können Sie Imidaclopridpräparate benutzen.

● Drahtwürmer

Der Körper der dünnen, wurmähnlichen Insekten ist an den Enden zugespitzt und etwa 3 cm lang. Sie sind die Larven verschiedener Schnellkäfer (beispielsweise von *Athous haemorrhoidalis* bzw. *Agriotes lineatus*) und leben vier bis fünf Jahre in der Erde, bevor sie eine Imagoform entwickeln.

Symptome: Fraßlöcher in Wurzeln und Knollen bringen die oberirdischen Teile der Pflanze zum Absterben. Befallene Sämlinge gehen gewöhnlich ein.

Betroffene Pflanzen: Vorzugsweise Zwiebel- und Knollenpflanzen, Gemüse und Sämlinge. Unter den Getreidesorten befallen sie meist Hafer und Gerste, wo sie sich als kaum zu kontrollierende Schädlinge entpuppen.

Vorbeugung: Säen Sie an Stellen, an denen es zu Befall kam, drei Jahre lang keine empfindlichen Pflanzen mehr aus.

Bei Befall: Säen Sie eine kleine Stelle mit Weizen bzw. Senfsaat an, um die Drahtwürmer anzuziehen. Graben Sie dann die Wurzeln der Pflanzen aus und überlassen Sie die Larven den Vögeln.

● Gartenlaubkäfer

Die Larve des Gartenlaubkäfers (*Phyllopertha horticolae*) hat einen braunen Kopf und einen cremeweißen Körper auf drei Beinpaaren. Sie rollt sich c-förmig zusammen.

Symptome: Wenn die Schädlinge die Wurzeln durchtrennt haben, fällt die Pflanze mitunter unvermittelt in sich zusammen. Der Rasen wird dabei scheinbar ohne Ursache gelb.

Betroffene Pflanzen: Rasen, junge Beet- und andere Zierpflanzen. Auch Gemüse.

Vorbeugung: Der Gartenlaubkäfer zieht leichte Substrate mit gutem Wasserabzug vor. Er wird von Füchsen und Maulwürfen gefressen. Diese reißen dabei Löcher in die Grünflächen.

Bei Befall: Gießen Sie die befallenen Stellen mit einem Präparat, in dem die Nematodenart *Steinernema carpocapsae* aufgelöst wurde. Setzen Sie ein Spritzmittel auf Rotenonbasis ein.

● Hundertfüßer

Der Gartenhundertfüßer (*Scutigerella immaculata*) ist ein längliches, weißes Insekt mit 12 Beinpaaren. Er ernährt sich von Wurzeln und Knollen und verbringt die meiste Zeit seines Lebens unter der Erde.

Symptome: In Wurzeln und Knollen kommt es zu Fraßschäden, was die oberirdischen Teile der Pflanze manchmal zum Absterben bringt. Sämlinge, die von ihm befallen werden, gehen gewöhnlich ein.

Betroffene Pflanzen: Eine ganze Reihe verschiedener Pflanzen, vorzugsweise aber Zwiebel- und Knollenpflanzen, Gemüse und Sämlinge.

Vorbeugung: Keine. Siehe unten.

Bei Befall: Außer einwandfreier Pflanzenhygiene gibt es keine effektiven Maßnahmen.

● Kleine Kohlfliege

Diese kleine Fliege (*Delia radicum*) legt ihre Eier in 5–7 cm Entfernung von der Wirtspflanze in den Boden. Wenn die Larven schlüpfen, haben sie die Wurzeln der Futterpflanze gleich in der Nähe.

Symptome: Die äußeren Blätter der Pflanze zeigen Zeichen von Welke. Dann werden sie blassgrün, bevor sie sich mit einem orangefarbenen Hauch überziehen. Die Faserwurzeln der Pflanze sind den Larven bereits zum Opfer gefallen.

Betroffene Pflanzen: Alle Mitglieder der Kohlfamilie, auch der Zierkohl.

Dazu Steinkraut (*Alyssum*), Blaukissen (*Aubrieta*), Levkojen (*Matthiola*) und Goldlack (*Erysimum*).

Vorbeugung: Schneiden Sie im Frühjahr Kerbelpflanzen (*Anthriscus sylvestris*) zurück, bevor sie blühen, denn die Weibchen der Kohlfliege ernähren sich von dieser Pflanze, bevor sie Eier legen.

Bei Befall: Legen Sie um die Pflanzenbasis Scheiben von 10 cm Durchmesser aus Karton oder Filz aus. Dann legen die Weibchen die Eier auf die Scheiben, wo sie austrocknen. Benutzen Sie Rotenonpräparate als Spritzmittel.

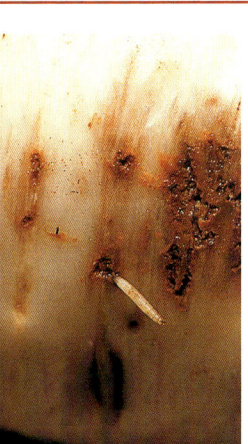

● Kleine Möhrenfliege

Diese kleine Fliege (*Psila rosae*) schädigt Karotten und andere Doldenblütler enorm. Sie legt ihre Eier in der Nähe der Wirtspflanze im Boden ab. Die cremeweißen Larven ernähren sich von den Wurzeln.

Symptome: Minderwuchs. Die Blätter werden rot. An der Stammwurzel zeigen sich rostbraune Streifen, wo die Fraßgänge eingefallen sind. Die Fraßschäden machen die Pflanze anfällig für weitere Schädlinge bzw. Krankheiten. Befallenes Wurzelgemüse kann nicht gelagert werden.

Betroffene Pflanzen: Sellerie, Stangensellerie, Karotten, Fenchel, Petersilie und Pastinaken.

Vorbeugung: Decken Sie die Jungpflanzen mit Vlies ab, damit die Fliege ihre Eier nicht in der Nähe legen kann. Pflanzen Sie resistente Sorten wie „Flyaway", „Parano" oder „Sytan".

Bei Befall: Säen Sie erst im Spätfrühjahr aus, um der ersten Generation Larven aus dem Weg zu gehen. Wenn die Karotten vor dem Spätsommer geerntet werden, vermeiden Sie die zweite Generation.

● Sumpfschnake

Die graubraunen, wurmartigen Larven der Sumpfschnake (*Tipula paludosa*) weisen ringförmige Vertiefungen auf und werden bis zu 45 mm lang. Sie leben in der Erde bis zum Frühherbst, wo sie ihre Imagoform erlangen.

Symptome: Die Larven fressen Wurzeln, manchmal auch den Stamm von jungen Gemüsepflanzen und Wiesengräsern genau unter der Erdoberfläche ab. Es entstehen gelbe Flecken im Rasen.

Betroffene Pflanzen: Eine ganze Reihe von Jungpflanzen, Zierpflanzen

ebenso wie Topfpflanzen, vor allem aber Rasengräser.

Vorbeugung: Sorgen Sie für guten Wasserabfluss. Graben Sie im Frühherbst die Erde um, vor allem, wenn sie den Sommer über brachgelegen ist.

Bei Befall: Gießen Sie die Erde bzw. den Rasen und bedecken Sie sie dann über Nacht mit schwarzer Folie. Nehmen Sie die Folie am Morgen weg, dann liegen die Larven offen zum Fraß für die Vögel da. Ab Sommermitte gießen Sie mit einem Präparat, das die Nematodenart *Steinernema carpocapsae* enthält.

● Trauermücke

Kleine graubraune Fliegen (*Bradysia paupera*) mit länglichen Körpern von etwa 4 mm Länge. Sie legen ihre Eier in das Substrat von Zimmerpflanzen (vor allem, wenn dieses auf Torf basiert).

Symptome: Kleine durchsichtige Maden mit dunklem Kopf von 5 mm Länge ernähren sich von verrottenden Pflanzenresten und den Wurzeln junger Pflanzen. So sterben die Pflanzen von der Basis her ab.

Betroffene Pflanzen: Eine ganze Reihe von Zimmerpflanzen, Zierpflanzen, außerdem Setzlinge.

Vorbeugung: Immer für guten Wasserabzug sorgen.

Bei Befall: Wenn die Fliegen erwachsen sind, können Sie mit einem biologischen Präparat auf Fettsäuren- oder Rapsölbasis spritzen. Hängen Sie gelbe Leimtafeln auf.

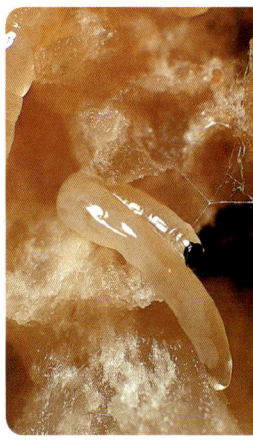

● Zwiebelfliege

Die Larven der Fliege *Delia antiqua* zeigen sich von cremeweißer Farbe und messen bis zu 8 mm in der Länge.

Symptome: Die Larven fressen Wurzeln und Spross direkt unter der Erdoberfläche ab. Die Pflanzen welken und sterben ab. Bei einem späteren Ausbruch werden vor allem die Knollen der Gemüsepflanzen infiziert, die dann nicht mehr lagerfähig sind.

Betroffene Pflanzen: Junge Gemüsepflanzen, vor allem Knoblauch, Lauch, Zwiebeln und Schalotten.

Vorbeugung: Bauen Sie Zwiebeln in Mischkultur mit Möhren an und setzen Sie zur Abschreckung Petersilie dazwischen. Lockern Sie die Erde im Gemüsebeet regelmäßig.

Bei Befall: Streuen Sie von der Mitte des Sommers an rund um empfindliche Pflanzen ein Rotenongranulat aus.

> **Wussten Sie schon, dass ...**
>
> in den letzten Jahren zwei neue Dickmaulrüsslerarten, die aus Südeuropa stammen, in London entdeckt wurden? Es handelt sich um den Armadillorüssler *(Otiorhynchus armadillo)* und den Weidenrüssler *(Otiorhynchus salicicola)*. Beide sind größer und etwas blasser in der Farbe als der uns bekannte Dickmaulrüssler *(Otiorhynchus sulcatus)*.

Fäulekrankheiten

● Hexenringe

Der verursachende Bodenpilz (*Marasmius oreades*) ernährt sich von organischem Material und Graswurzeln.

Symptome: Zwei dunkle Ringe umschließen einen Ring abgestorbenen Grases. Im Herbst erscheinen um den äußeren Ring blassbraune Pilze.

Betroffene Pflanzen: Gut gepflegter Rasen.

Vorbeugung: Sammeln Sie so viel organisches Material wie möglich auf, wenn Sie den Rasen einsäen.

Bei Befall: Tränken Sie die Erde mit Kresolsäurelösung. Dehnen Sie dabei die getränkte Region bis mindestens 60 cm um den äußeren Ring herum aus.

● Honigschwamm

Dieser aggressive Bodenpilz (*Armillaria spp.*), der auch „Hallimasch" genannt wird, bringt im Herbst honigfarbene Pilze rund um den befallenen Baum hervor.

Symptome: Die Bäume scheinen unter Trockenheit zu leiden und werfen vorzeitig ihr Laub ab. Äste und Zweige sterben ab. Große Stücke Borke fallen herab. Am Ende geht die Pflanze ein.

Betroffene Pflanzen: Meist Bäume, aber auch Sträucher und Stauden.

Vorbeugung: Pflanzen Sie resistente Arten wie Birke (*Betula*), Zypresse (*Cupressus*), Leylandzypresse (*Cupressocyparis leylandii*) sowie Weide (*Salix*) und Glyzinie (*Wisteria*).

Bei Befall: Es gibt kein wirksames Mittel gegen den Honigschwamm. Befallene Pflanzen sollten zügig vernichtet werden.

● **Kartoffelnassfäule**

Diese Fäulekrankheit wird von einem Bakterium verursacht (*Erwinia carotovora*), das sich in feuchter Erde rasch ausbreitet, vor allem im Frühjahr.

Symptome: Die Blätter werden gelb und kräuseln sich. Es kommt zu Minderwuchs. Wurzeln, Knollen und die Triebbasis werden schwarz und verfaulen, wobei sie Schleim absondern.

Betroffene Pflanzen: Kartoffeln und Stauden, die zur selben Familie gehören wie zum Beispiel der Schwarze Nachtschatten (*Solanum nigrum*).

Vorbeugung: Für guten Wasserabzug sorgen. Knollen, die Farbveränderungen (schwarze Flecken oder blasse Stellen) zeigen, sofort aussondern.

Bei Befall: Befallene Pflanzen entfernen und verbrennen. Pflanzen Sie die Sorte „Saxon", die einigermaßen resistent zu sein scheint.

● **Riesenporling**

Der Pilz ist einer der Haupterreger für Weißfäulekrankheiten, vor allem bei reifen Bäumen. Gewöhnlich dauert es allerdings Jahre, bis nach der Infektion Krankheitsanzeichen auftreten. Aber Vorsicht: Bäume können ihren Halt verlieren, auch wenn äußerlich noch kein sichtbares Anzeichen von Krankheit vorhanden ist.

Symptome: Laub wächst immer spärlicher und nimmt eine blassgrüne Farbe an. Schwarze, verfaulende Wurzeln und blassbraune Schichtpilze zeigen sich rund um die Baumbasis.

Betroffene Pflanzen: Viele Baumarten, vor allem Buche (*Fagus*), Birke (*Betula*), Eiche (*Quercus*) und Esskastanie (*Castania sativa*).

Vorbeugung: Regelmäßige Inspektion reifer Bäume. Beschneiden nur im Frühjahr und Frühsommer.

Bei Befall: Alle infizierten Pflanzenteile entfernen und vernichten. Die Erde mit Kresolsäurelösung tränken.

● **Rote Wurzelfäule der Erdbeere**

Diese Krankheit wird durch einen Bodenpilz (*Phytophthora fragariae*) verursacht, der die Wurzeln der Erdbeerpflanzen zerstört. Die Pilzsporen überleben im Boden bis zu 12 Jahre.

Symptome: Im Spätfrühjahr zeigen die Erdbeeren Zeichen von Minderwuchs. Die Blätter weisen rote und braune Flecken auf. Die Wurzeln zeigen eine blasse Farbe, in der Mitte zeigt sich ein roter Strang.

Betroffene Pflanzen: Nur Erdbeeren (*Fragaria spp*.).

Vorbeugung: Achten Sie auf guten Wasserabzug. Setzen Sie die Pflanzen auf einen kleinen Pflanzhügel, damit sie nicht Gefahr laufen, in Staunässe zu ertrinken.

Bei Befall: Infizierte Pflanzen vernichten. Tränken Sie den infizierten Boden mit Kresolsäurelösung, mindestens 60 cm um die Befallstelle herum.

- **Sclerotiniafäule**

Die Fäulekrankheit wird vom Pilz *Sclerotinia sclerotiorum* verursacht, der die Wurzeln befällt und sie zum Faulen bringt. Seine Sporen ruhen mitunter bis zu fünf Jahre inaktiv im Boden.

Symptome: Die Blätter vergilben. Die Wurzeln verfaulen zu einer bräunlichen Masse. Um den Wurzelhals bildet sich ein weißlicher Pilzrasen. Die Pflanze geht ein.

Betroffene Pflanzen: Eine ganze Reihe von Pflanzen, auch Stauden, vor allem aber Chrysanthemen, Dahlien und viele Gemüsesorten.

Vorbeugung: Halten Sie den Boden unkrautfrei, weil der Pilz unter Umständen auf den Unkräutern überlebt, bis neue Wirtspflanzen in seine Nähe kommen.

Bei Befall: Infizierte Pflanzen entfernen und vernichten. Suchen Sie eingelagertes Wurzelgemüse regelmäßig nach braunen Fäulnisflecken ab. Spritzen Sie mit dem biologischen Pflanzenschutzmittel *Contans*.

- **Violette Wurzelfäule**

Auch hier ist wieder ein Bodenpilz verantwortlich (*Helicobasidium purpureum*), der seinen Wirt zum Absterben bringt. Besonders schlimm wird der Befall bei Temperaturen über 15 Grad Celsius, wenn die Erde schon warm ist.

Symptome: Die Pflanze macht einen schwächlichen Eindruck. Die Blätter zeigen gelbe Flecken. Wurzeln und Basis, vor allem die Knollen und Rhizome sind häufig mit einem grauvioletten Pilzgeflecht bedeckt.

Betroffene Pflanzen: Spargel, Rote Bete, Karotten, Sellerie, Pastinaken, , Zuckerrüben, Steckrüben und viele Stauden.

Vorbeugung: Sorgen Sie für besseren Wasserabzug. Machen Sie eine Kalkkur mit Ihrem Boden, denn die Krankheit entwickelt sich in saurem Milieu besser.

Bei Befall: Infizierte Pflanzen entfernen und verbrennen. Tränken Sie den Boden rund um die Infektionsstelle mit einem Präparat auf Mineralölbasis oder mit einem kupferbasierten Fungizid.

- **Wurzelfäule**

Pilze der Gattung *Phythophthora* verursachen eine der verbreitetsten Fäulekrankheiten.

Symptome: Das Laub wächst spärlich und blass. Der Spross stirbt ab. Schließlich geht die ganze Pflanze ein. Die Wurzeln zeigen sich schwärzlich. Bei Bäumen fällt die Rinde ab.

Betroffene Pflanzen: Apfel (*Malus*), Buche (*Fagus*), Kirsche (*Prunus*), Zypresse (*Cupressus*), Linde (*Tilia*), Rhododendron und Eibe (*Taxus*).

Vorbeugung: Achten Sie auf guten Wasserabzug, denn diese Krankheit entwickelt sich vor allem bei Staunässe.

Bei Befall: Infizierte Pflanzen entfernen und vernichten. Boden mit Kresolsäurelösung tränken.

● **Wurzelschimmel**

Diese verbreitete Krankheit wird von einem Pilz (*Rosellinia necatrix*) verursacht, der die Wurzeln einer ganzen Reihe von Pflanzen angreift, vor allem, wenn eine gute Drainage fehlt.

Symptome: Die Pflanzen wachsen gestaucht, die Blätter vergilben. Die Pflanze welkt, und wenn die Wurzeln verfault sind, geht sie ein. Rund um die Basis der Pflanze zeigt sich ein dichter, weißer Pilzrasen, der auch die Wurzeln überzieht.

Betroffene Pflanzen: Häufig auf Weinrebe (*Vini vinifera*), Apfel (*Malus*), Birne (*Pyrus*), Kartoffel, Liguster und bei Zwiebelpflanzen.

Vorbeugung: Wasserabzug verbessern.

Bei Befall: Infizierte Pflanzen vernichten. Umgraben, um den Pilz zu vernichten, der an der Luft abstirbt.

● **Zwiebelfäule**

Ein Bodenpilz (*Sclerotium cepivorum*) lässt Zwiebelpflanzen absterben.

Symptome: Die Blätter vergilben, die Pflanze geht ein, weil die Wurzeln verfaulen. Dichter, weißer Pilzrasen zeigt sich an der Basis der Zwiebel und auf den Wurzeln.

Betroffene Pflanzen: Zwiebeln, Lauch, Frühlingszwiebeln und Schalotten.

Vorbeugung: Pflanzen Sie resistente Sorten wie „Norstar". Wenden Sie die Fruchtfolge an. (Pilzsporen überleben bis zu 7 Jahre im Boden.) Setzen Sie an infizierten Stellen keine Zwiebeln.

Bei Befall: Infizierte Pflanzen entfernen und vernichten.

Wussten Sie schon, dass …

die Sporen vieler Pilzkrankheiten ständig im Boden präsent sind, aber erst in die Pflanze eindringen können, wenn diese durch ein anderes Problem Schwachstellen zeigt?

Welkekrankheiten

- **Bakterielle Ringfäule der Tomate**

Die Auswüchse an der Tomate werden durch ein Bakterium (*Clavibacter michiganensis*) verursacht, das sich entwickelt, sobald die Frucht zu reifen beginnt. Gewöhnlich dringt es durch Wurzelverletzungen in die Pflanze ein.

Symptome: Die oberen Blätter zeigen sich welk, während die unteren braun werden und absterben. An Wurzeln und Spross werden braune Verfärbungen sichtbar.

Betroffene Pflanzen: Tomaten und ihre Verwandten.

Vorbeugung: Keine Samen von infizierten Pflanzen aufbewahren. Gewächshaus regelmäßig desinfizieren. Im Freiland für gute Fruchtfolge sorgen. Pflanzen im Pflanzsack ziehen.

Bei Befall: Infizierte Pflanzen entfernen und verbrennen. Verseuchtes Erdreich austauschen. Mit einer Kresolsäurelösung tränken.

- **Erbsenwelke**

Der Bodenpilz *Fusarium oxysporum f. pisi* lebt im Boden und wird nur dann zum Problem, wenn Jahr für Jahr Erbsen dort angebaut werden.

Symptome: Blätter und Spross welken schnell und vergilben vor dem Absterben. Tagsüber zeigen die Pflanzen Welkeerscheinungen, nachts erholen sie sich. Dunkle Flecken auf Wurzeln und Wurzelhals.

Betroffene Pflanzen: Erbsen und eng verwandte Pflanzen wie Wicken (*Lathyrus*).

Vorbeugung: Eine gute Fruchtfolge anwenden. Nur gesunde Pflanzen zur Vermehrung einsetzen. Für einwandfreien Wasserabzug sorgen. Resistente Sorten wie „Kelvedon", „Onward" und „Greenshaft" pflanzen.

Bei Befall: Infizierte Pflanzen vernichten. Das verseuchte Erdreich mit einer Kresolsäurelösung tränken.

● Kohlhernie

Der Schleimpilz *Plasmodiophora brassicae* lebt in der Erde auf einem Feuchtigkeitsfilm. Er kann auch ohne Wirtspflanze 20 Jahre überdauern, vor allem, wenn das Erdreich einen niedrigen pH-Wert aufweist und vergleichsweise feucht ist.

Symptome: Blätter und Spross werden blassgrün oder gelb mit rosafarbenen Flecken. Es kommt des Öfteren zu Welkeerscheinungen, obwohl die Erde feucht ist. Die Pflanze scheint sich jedoch immer wieder zu erholen. Die Wurzeln zeigen Schwellungen und wachsen verkrümmt.

Betroffene Pflanzen: Alle Mitglieder der Kohlfamilie *(Brassicae)* und ihre Verwandten.

Vorbeugung: Für besseren Wasserabzug sorgen. Den Boden mit Kalk verbessern. Nur resistente Sorten pflanzen.

Bei Befall: Tauchen Sie die Wurzeln von Jungpflanzen in eine passende Fungizidlösung.

● Nelkenwelke

Der Bodenpilz *Fusarium oxysporum f. dianthi* überlebt von Pflanzenabfällen im Boden. Er wird gewöhnlich nur zum Problem, wenn man auf bereits befallenem Erdreich dieselben Pflanzen zieht wie im Vorjahr.

Symptome: Blätter und Spross welken und zeigen purpurrote Flecken. Beim Absterben nehmen diese einen graugelben Farbton an. Wurzeln und Wurzelhals weisen dunkle Flecken auf. Die Pflanzen zeigen tagsüber Welkeerscheinungen, um sich nachts wieder zu erholen.

Betroffene Pflanzen: Alle Nelkenarten und -sorten, darunter auch Federnelken.

Vorbeugung: Eine gute Fruchtfolge wählen. Nur gesunde Pflanzen zur Vermehrung auswählen. Wasserabzug verbessern.

Bei Befall: Infizierte Pflanzen vernichten, verseuchte Erde austauschen.

Wussten Sie schon, dass ...

Hasen und Kaninchen in harten Wintern jene Bäume mit dem höchsten Zuckergehalt in der Borke auswählen, um sich an ihnen gütlich zu tun?

● **Päonienwelke**

Ein Pilz (*Botrytis paeoniae*) dringt in den Stängelgrund ein und infiziert die Pflanze. Gewöhnlich ruht er im Boden und wird durch Wasserspritzer übertragen.

Symptome: Stängel und Blätter welken, ganze Triebe sterben ab.

Betroffene Pflanzen: Strauchpäonien, aber auch Baumpäonien.

Vorbeugung: Leider gibt es hier kein für den Hausgarten zugelassenes Fungizid.

Bei Befall: Infizierte Triebe und Teile des Wurzelstocks ausschneiden. Die Schnittstellen mit Schwefel behandeln.

● **Pelargonium-Stecklingsfäule**

Hier gehört der Übeltäter zu den Pythium-Pilzarten, die vor allem in verseuchtem Kompost, nicht richtig gesäuberten Töpfen und schlecht gelüfteten Gewächshäusern überleben.

Symptome: Die Blätter werden gelb, welken und sterben ab. Am Spross machen sich von der Basis her schwarze Flecken bemerkbar. Bei Setzlingen wandern die schwarzen Flecken ebenfalls von unten nach oben.

Betroffene Pflanzen: Alle Stecklinge in der Bewurzelungsphase, besonders aber die der Pelargonien.

Vorbeugung: Nur sterilen Kompost und saubere Aussaatschalen verwenden. Für Sämlinge nur frisches Wasser nehmen, niemals aus der Regentonne.

Bei Befall: Infizierte Pflanzen entfernen und vernichten. Beim Stecklingsschneiden immer ein scharfes, sauberes Messer verwenden, um einen glatten Schnitt zu erzielen.

● **Rosenwelke**

Das Virus (verschiedene Arten) wird durch Veredelung oder durch Läuse auf die gesunde Pflanze übertragen.

Symptome: Minderwuchs. Die Blätter sind mit gelben Flecken überzogen, der Neuaustrieb zeigt sich gekrümmt. Bei warmem Wetter scheint die Pflanze zu welken, sich aber nachts wieder zu erholen, bis sie schließlich innerhalb weniger Tage abstirbt.

Betroffene Pflanzen: Alle Rosenarten und -sorten.

Vorbeugung: Keine Vorbeugung möglich. Am besten kaufen Sie Pflanzen nur bei Gärtnern Ihres Vertrauens.

Bei Befall: Keine Gegenmaßnahmen möglich. Infizierte Pflanzen sofort entfernen und verbrennen, sobald sich die Symptome zeigen.

Veilchenrost

Der verursachende Bodenpilz (*Pythium violae*) lebt von Pflanzenabfällen im Boden und wird erst dann gefährlich, wenn man auf befallenem Erdreich dieselben Pflanzen zieht wie im Vorjahr.

Symptome: Die ganze Pflanze welkt und stirbt innerhalb weniger Wochen ab, wobei die Blätter vergilben.

Betroffene Pflanzen: Stiefmütterchen und Veilchen.

Vorbeugung: Strenge Fruchtfolge einhalten. Nur gesunde Pflanzen zum Vermehren benutzen.

Bei Befall: Infizierte Pflanzen beseitigen. Den Boden mit einer Kresolsäurelösung tränken. Bei Beeten, die Jahr für Jahr mit Veilchen bzw. Stiefmütterchen bepflanzt werden, die Erde alle drei bis vier Jahre austauschen.

Verticilliumwelke

Der Verursacher ist ein Bodenpilz (*Verticillium alboatrum* und *V. dahliae*), der auf Pflanzenabfällen überlebt, doch nur an Standorten mit schlechter Drainage zum Problem wird.

Symptome: Wurzeln und Stängelgrund zeigen braune Flecken. Pflanzen welken tagsüber, erholen sich nachts. Das Wachstum lässt immer stärker nach.

Betroffene Pflanzen: Alle Stauden, sowie Gemüsesorten. Außerdem der Japanische Ahorn (*Acer palmatum*).

Vorbeugung: Für gute Fruchtfolge sorgen. Nur gesunde Pflanzen für die Vermehrung verwenden.

Bei Befall: Infizierte Pflanzen entfernen und vernichten. Erdreich mit Kresolsäurelösung tränken. Leider ist für den Hausgarten kein entsprechendes Fungizid zugelassen.

Wussten Sie schon, dass ...

Wurzelhalsfäule bei Buchs von einem Pilz *(Cylindrocladium)* ausgelöst wird, der so winzig ist, dass er mit dem bloßen Auge gar nicht ausgemacht werden kann? Meist erkennt man ihn erst nach Absterben der Wirtspflanze.

Pflanzenprobleme: die ganze Pflanze

Jeder Schadorganismus, der eine Pflanze befällt, hat Auswirkungen auf die gesamte Pflanze. Er beeinträchtigt ihre Fähigkeit, Nährsalze aufzunehmen, und hindert sie so am Wachsen und Gedeihen. Einige Schäden ziehen die Pflanze so sehr in Mitleidenschaft, dass sie schließlich abstirbt. Viren zum Beispiel befallen am Ende das gesamte Zellsystem, ganz egal, wo sie ursprünglich in die Pflanze eingedrungen sind. Und trotzdem gibt es für die Erkrankung kaum sichtbare Anzeichen. Auch Wurzelschäden führen häufig zum Absterben der gesamten Pflanze.

Doch es gibt auch Krankheiten und Schädlinge, die sich sofort über die gesamte Pflanze verbreiten. Viele von ihnen werden verschärft durch Mängel am Substrat, in dem die Pflanze steht, sei es nun Gartenerde oder Kompost. Daher sollten Sie sich zuerst fragen, ob die Pflanze auch alle Nährstoffe hat, die sie braucht. Eine der bekanntesten Mangelkrankheiten ist die Chlorose, die durch zu kalkhaltiges Gießwasser entsteht. Auch Pflanzen, die ein saures Milieu lieben, aber auf Böden mit höherem pH-Wert gezogen werden, bekommen leicht Chlorose. Geben Sie also zuerst einmal ein paar Euro für ein Testset zur Bestimmung des pH-Wertes aus, bevor Sie einen Garten anlegen. Dann können Sie bereits im Vorfeld klären, ob die Pflanze, die Sie für Ihren Garten im Auge haben, dort auch die passenden Bedingungen vorfinden wird. Passt die Erde in Ihrem Garten nicht, sind zwei Lösungswege möglich: Entweder ziehen Sie die Pflanze im Kübel, wo Sie das Substrat besser kontrollieren können (zum

Beispiel durch Verwendung von Rhododendronerde, wenn Sie Azaleen ziehen wollen). Oder Sie nehmen Bodenverbesserungsmaßnahmen vor. Ein Boden mit niedrigem pH-Wert kann mit entsprechenden Präparaten „aufgekalkt" werden. Im Allgemeinen sind Nährstoffmangelkrankheiten leicht zu beheben. Düngen Sie regelmäßig mit einem Vollprodukt, das neben den nötigen Nährstoffen auch alle Spurenelemente enthält.

Viele Pflanzenkrankheiten bleiben im Boden aktiv, auch wenn die Wirtspflanze längst eingegangen ist. Wenn es in der Vergangenheit also Probleme gab, sollte man es tunlichst vermeiden, an derselben Stelle im Garten erneut dieselbe Pflanzenart einzusetzen. Wozu dies führen kann, ist an der bekannten Bodenmüdigkeit bei Rosen unschwer abzulesen. Wenn in einem bestimmten Beet stets Rosen gezogen wurden, hat sich dort ein Cocktail aus Bakterien, Pilzsporen und eventuell sogar Viren angereichert, der jeder Rose das Anwachsen unmöglich macht. In diesem Fall kann nur der Boden komplett ausgetauscht werden.

Die Clematiswelke beispielsweise führt zum Absterben der ganzen Pflanze. Sie wird schwarz und geht schließlich ein. Mitunter allerdings treibt sie später aus den Knospen unterhalb der Erdoberfläche wieder aus. Lassen Sie die befallene Pflanze also ruhig eine Zeit lang stehen, wobei Sie alle befallenen Pflanzenteile natürlich entfernen. Andere Probleme wie die Johannisbeer-Virose lassen sich nicht behandeln. Pflanzen, welche diese Symptome zeigen, müssen sofort entfernt und vernichtet werden.

Fraßschäden

● **Achateule**

Die Weibchen des Insekts (*Phlogophora meticulosa*) legen zwischen Frühjahr und Herbst bis zu 100 Eier auf den Blättern und Trieben der Pflanzen ab. Die Weibchen sind grün, beige und rosa gefärbt.

Symptome: Blätter, Knospen, Blüten und Triebe werden von der grünlich-braunen Raupe gefressen, die weiße und graue Markierungen zeigt und bis zu 5 cm lang wird. Sie frisst nur nachts.

Betroffene Pflanzen: Eine ganze Reihe von Pflanzen, vor allem Zimmer- und Gewächshauspflanzen sowie Chrysanthemen. Befällt jedoch auch Freilandstauden.

Vorbeugung: Im Gewächshaus stets auf einwandfreie Hygiene achten. Pflanzenabfälle aufsammeln.

Bei Befall: Mit Bifenthrin oder einem biologischen Mittel auf Rapsölbasis spritzen.

● **Himbeermotte**

Die Himbeermotte (*Lampronie rubiella*) legt ihre Eier auf den Blüten der Him-beere ab. Bald schlüpfen Larven, die sich von den Früchten ernähren, bevor sie sich verpuppen und in Trieben und Knospen überwintern.

Symptome: Die Jungruten welken, kräuseln sich und fallen um, bevor sie absterben. Rosarote Raupen von 15 mm Länge finden sich im Innern der Triebe.

Betroffene Pflanzen: Brombeere, Loganbeere und Himbeere.

Vorbeugung: Graben Sie alte Ruten aus, um die Anzahl der Puppen zu reduzieren. Sammeln und entsorgen Sie alle Pflanzenabfälle.

Bei Befall: Ruten und Erde Mitte des Winters mit einem Mineralölpräparat sorgfältig spritzen.

Kartoffelkäfer

Die Weibchen des Kartoffelkäfers (*Leptinotarsa decemlineata*) legen bis zu 500 Eier, weshalb der Kartoffelkäfer zu den gefährlichen Schädlingen gehört. In Großbritannien muss jeder Befall sofort gemeldet werden.

Symptome: Der orangefarbene Käfer mit den schwarzen Streifen ernährt sich in jeder Lebensphase von Blättern, Knospen, Blüten und Trieben der betroffenen Pflanzen. Die Käfer sind etwa 1 cm lang. Auch die runden, orangeroten Larven verursachen Fraßschäden.

Betroffene Pflanzen: Auberginen, Paprika, Tomaten und Kartoffeln. Andere Mitglieder der Familie der Solanaceae wie die Tollkirsche (*Atropa belladonna*) und die Engelstrompete (*Datura stramonium*).

Vorbeugung: Graben Sie im Herbst tief um, um die überwinternden Alttiere auszugraben, die sich bis zu 25 cm tief in die Erde bohren.

Bei Befall: Mit Bifenthrin oder einem Insektizid auf Rapsöl- oder Fettsäurebasis spritzen.

Spargelhähnchen

Das Insekt (*Crioceris asparagi*) ist ein etwa 7 mm langer, schwarzer Käfer mit gelben Flecken. Die cremefarbenen Larven sind etwa 1 cm lang.

Symptome: Blätter und ganze Triebe gehen ein, weil sowohl die erwachsenen Tiere als auch die Larven sich von ihnen ernähren. Die Stängel vergilben und gehen ein.

Betroffene Pflanzen: Vor allem Spargel, aber auch andere Liliengewächse.

Vorbeugung: Im Herbst alte Stängel abschneiden und verbrennen. Die Erde von Pflanzenresten säubern.

Bei Befall: Mit einem Insektizid auf Rapsölbasis spritzen.

Weidenbohrer

Dieser Schädling (*Cossus cossus*) ist vielleicht nicht weit verbreitet, doch ruft er bei Betroffenen jeweils großes Erschrecken hervor, da sich mitunter Hunderte von Raupen bis zu vier Jahre lang von einem Baum ernähren.

Symptome: Große, bis zu 10 cm lange Raupen von rosafarbener und rostroter Tönung fressen Löcher von bis zu 12 mm Durchmesser in den Stamm der Bäume. Dabei hinterlassen sie kleine Häufchen Sägemehl an der Basis des Baums. Triebe welken und sterben ab,

Blätter vergilben, der Baum verliert seinen Halt.

Betroffene Pflanzen: Nur reife Bäume der Arten Esche (*Fraxinus*), Buche (*Fagus*), Ulme (*Ulmus*), Eiche (*Quercus*) und Pappel (*Populus*).

Vorbeugung: Spritzen Sie den Stamm zur Sommermitte mit einem Insektizid ein, um Alttiere und Eier gleichermaßen abzutöten.

Bei Befall: Bifenthrin oder ein Insektizid auf Rapsöl- bzw. Fettsäurebasis in die Fraßlöcher spritzen.

Welke- und Fäulekrankheiten

● **Bodenmüdigkeit**

Dies ist eigentlich keine Krankheit. Der hohe Prozentsatz an Bodenpilzen und Mikroorganismen, die mit bestimmten Pflanzen eine Symbiose eingegangen sind, machen es anderen Pflanzen unmöglich, an dieser Stelle anzuwachsen.

Symptome: Pflanzen wachsen spärlich und setzen keine Blätter an. Jungpflanzen gehen ein, auch wenn dies mitunter drei bis fünf Jahre dauern kann.

Betroffene Pflanzen: Dies kommt bei zahlreichen Pflanzen vor, bekannt dafür aber sind vor allem Rosen, Apfelbäume (*Malus*), Kirsch- und Pflaumenbäume (*Prunus*) und Birnbäume (*Pyrus*).

Vorbeugung: Pflanzen Sie nie eine Pflanzenart an dieselbe Stelle wie im Vorjahr. Rosen nie in die Erde eines früheren Rosenbeetes setzen.

Bei Auftauchen: Wechseln Sie das Erdreich aus. Behandeln Sie die Pflanzlöcher mit Kresolsäurelösung und streuen Sie sie mit Rindenmulch aus.

● **Brennfleckenkrankheit der Bohne**

Der Pilz *Colletotrichum lindemuthianum* wird mit den Samen verbreitet und befällt die Pflanze, wenn der Same keimt.

Symptome: Lange, eingesunkene braune Flecken auf dem Stamm. Die Blätter zeigen rote und braune Farbveränderungen an den Blattadern, bevor sie welken und absterben. Auf Blättern und Hülsen treten rötlichbraune Punkte auf. Über der ganzen Pflanze bildet sich ein rosafarbener, schleimiger Pilzüberzug.

Betroffene Pflanzen: Feuerbohnen, Busch- und Stangenbohnen.

Vorbeugung: Resistente Sorten wie „Aramis" und „Rido Kenyan" pflanzen. Nur Samen von renommierten Gärtnereien benutzen. Selbst keine Samen von befallenen Pflanzen absammeln. An der befallenen Stelle keine Bohnen bzw. verwandte Arten mehr ziehen.

Bei Befall: Infizierte Pflanzen vernichten.

● Clematiswelke

Der Pilz (*Ascochyta clematidina*) befällt nur Zuchtformen der Clematis und kommt recht häufig vor.

Symptome: Die Neuaustriebe welken, vor allem, wenn sie vorher recht schnell gewachsen sind. Auf älteren Blättern erscheinen dunkle Flecken. Die Stängel zeigen offene Wunden. Die Pflanze stirbt innerhalb weniger Tage vollkommen ab.

Betroffene Pflanzen: Alle Zuchtformen der Clematis, vor allem aber die großblumigen, sommerblühenden Sorten.

Vorbeugung: Achten Sie darauf, die Stängel nicht zu verletzen. Pflanzen Sie die Wildformen der Clematis wie *Clematis viticella*, *C. alpina* oder *C. texensis*.

Bei Befall: Schneiden Sie alle infizierten Pflanzenteile bis auf den Wurzelstock zurück. Tränken Sie das Erdreich mit Kresolsäurelösung. Manche Pflanzen treiben aus der Basis neu aus.

● Schokoladenfleckenkrankheit der Bohne

Der Pilz (*Botrytis fabae*) zeigt sich zuerst in dunklen Flecken auf den Blättern, die sich dann über die gesamte Pflanze ausbreiten und sie zum Absterben bringen. Auch ein geringer Befall mindert die Ernte beträchtlich.

Symptome: Auf der Blattoberseite zeigen sich schokoladenfarbene Flecken. Blüten, Hülsen und Triebe zeigen längliche, dunkle Streifen. Stark befallene Pflanzen werden schwarz und gehen ein.

Betroffene Pflanzen: Puffbohnen.

Vorbeugung: Düngen Sie mit Kali, um die Zellen zu stärken. Lassen Sie viel Raum zwischen den Pflanzen. Für guten Wasserabzug sorgen.

Bei Befall: Spritzen Sie vor dem Blütenansatz mit einem kupferbasierten Fungizid. Stark befallene Pflanzen entfernen und vernichten.

● Tomatenstängelfäule

Der Pilz (*Didymella lycopersici*) ist ein verbreitetes Problem bei Gewächshaus- und Freilandtomaten.

Symptome: Eingesunkene, braune Flecken auf Stängel und Wurzeln. Die unteren Blätter vergilben, die Früchte werden am Stängelansatz schwarz. Die Krankheit dringt allmählich ins Fruchtfleisch vor.

Betroffene Pflanzen: Tomaten und Auberginen.

Vorbeugung: Hygienemaßnahmen beachten. Töpfe, Aussaatschalen und Werkzeug sollten sterilisiert werden. Pflanzenabfälle stets aufsammeln. Pflanzen im Pflanzsack ziehen statt in der infizierten Erde.

Bei Befall: Infizierte Pflanzen entfernen und vernichten. Für gute Durchlüftung im Gewächshaus sorgen.

Viren und Bakterien

● **Gelbzwergvirus bei der Himbeere**

Die Krankheit wird durch ein Mosaik-virus verursacht, das von der Nema-todenart *Xiphenema diversicaudatum* verbreitet wird. Diese kann lange Jahre inaktiv im Boden ruhen.

Symptome: Die Ruten tragen kaum Frucht. Die wenigen Beeren sind von minderer Qualität. Die Pflanzen wach-sen krumm und erreichen nur ein Drittel ihrer normalen Größe. Sie zeigen gelbe Flecken auf den Blättern.

Betroffene Pflanzen: Wilde Himbee-ren sowie Kulturhimbeeren (*Rubus idaeus*).

Vorbeugung: Kaufen Sie Ihre Jung-pflanzen nur bei seriösen Gärtnern.

Bei Befall: Infizierte Pflanzen vernich-ten, sobald die Symptome auftauchen.

● **Johannisbeer-Virose**

Diese recht verbreitete Krankheit ist vermutlich der Hauptgrund, wenn ein Strauch der Schwarzen Johannisbeere nicht recht Frucht tragen will. Die meis-ten Gärtner erkennen den Befall jedoch nicht.

Symptome: Die Blätter vergilben. Die Pflanze zeigt sich schwächlich und bringt nur wenige Blüten hervor. Die Früchte sind von minderer Qualität.

Betroffene Pflanzen: Schwarze Johannisbeere (*Ribes nigrum*) und möglicherweise noch andere Johannis-beerarten.

Vorbeugung: Lassen Sie Pflanzen ste-hen, die Anzeichen von Gallen zeigen. (Siehe Seite 54.) Sehr wahrscheinlich überträgt die Johannisbeergallmilbe diese Krankheit. Die Sorte „Foxendown" scheint weitgehend resistent zu sein.

Bei Befall: Infizierte Pflanzen entfernen und vernichten.

● Möhrenröte und Möhrenscheckung

Hier sind zwei Viren am Werk. Das eine verursacht die Rotfärbung, das andere die Scheckung. Gewöhnlich gehen die Pflanzen an der Infektion ein. Auf essbare Möhren darf man jedenfalls nicht hoffen.

Symptome: Das Laub wächst verkrüppelt. Es zeigt rote und gelbe Flecken. Wurzeln entwickeln sich schlecht, Faserwurzeln sterben ab. Die Pflanze geht mitunter ganz ein.

Betroffene Pflanzen: Möhren und Petersilie.

Vorbeugung: Ziehen Sie die Pflanzen unter Vlies, um Fraßschäden durch Läuse zu verhindern.

Bei Befall: Es gibt keine wirksamen Gegenmaßnahmen. Entfernen und verbrennen Sie infizierte Pflanzen.

● Rindenbrand

Die Krankheit wird vom Bakterium *Pseudomonas mors-prunorum* verursacht und befällt die ganze Pflanze. Ein leichter Befall führt zur Schrotschusskrankheit, bei der in den Blättern schrotkugelgroße Löcher auftauchen.

Symptome: Nässende Wunden in der Borke. Später sterben die Zweige oberhalb der Wunde ab. Blätter und kurze Triebe welken und werden braun. Die Blüten fallen ab. Von den nassen, offenen Wunden breitet sich die Infektion auf andere Pflanzen aus.

Betroffene Pflanzen: Kirsch- und Pflaumenbäume, auch die Zierformen.

Vorbeugung: Achten Sie darauf, die Bäume beim Ernten und Beschneiden nicht zu verletzen. Wasserabzug verbessern. Resistente Sorten pflanzen wie „Marjories Seedling" oder „Warwickshire Drooper" bei Pflaumen, „Stella" oder „Merton Glory" bei Kirschen.

Bei Befall: Infizierte Zweige sofort ausschneiden. Stark infizierte Pflanzen ausgraben. Spritzen Sie im Frühjahr, im Spätsommer und im Frühherbst mit einem pflanzlichen Fungizid.

● Zwergviruskrankheit bei Zwetschge und Kirsche

Das im nördlichen Europa verbreitete Virus schwächt den ganzen Baum. Bis heute ist nicht bekannt, wie sich die Krankheit von Baum zu Baum verbreitet.

Symptome: Die Blätter sind klein und stehen eng beieinander. Meist sind sie auch noch bleicher in der Farbe. Der Neuaustrieb setzt erst spät ein und bleibt recht schwach. Trotz reichlichen Blütenansatzes gibt es nur wenige Früchte.

Betroffene Pflanzen: Alle Arten und Sorten der Gattung *Prunus*, besonders aber Zwetschgenbäume (*Prunus domestica*).

Vorbeugung: Kaufen Sie Ihre Jungbäume nur in zuverlässigen Baumschulen.

Bei Befall: Entfernen und verbrennen Sie die infizierten Pflanzen, sobald Sie die Symptome entdecken.

Pflanzenprobleme: die ganze Pflanze 109

Nährstoffmangel-krankheiten

● **Chlorose**

Ist zu viel Kalk im Boden vorhanden (anders ausgedrückt: hat dieser einen hohen pH-Wert), dann können die Pflanzen bestimmte Nährstoffe wie Eisen nicht aus dem Boden aufnehmen.

Symptome: Minderwuchs. Die Blätter werden gelb, die Blattadern bleiben häufig dunkel. Zuerst zeigen sich die Symptome an den älteren Blättern, erst später am Neuaustrieb.

Betroffene Pflanzen: Der Nährstoffmangel kann sich an jeder Pflanze zeigen, doch Pflanzen, die sauren Boden brauchen (Kalkflieher), wie Heidelbeeren, Azaleen, Kamelien, Japanischer Ahorn, Heidekraut und Rhododendren, sind dafür besonders anfällig.

Vorbeugung: Halten Sie den pH-Wert im Boden dauerhaft unter 6,5, indem Sie gut abgelagerten Rindermist einarbeiten oder mit Rindenkompost mulchen.

Bei Auftauchen: Fügen Sie dem Gießwasser ein Eisenpräparat aus dem Fachhandel zu. Arbeiten Sie Schwefelblüte (sublimierter Schwefel, Apotheke) in den Boden ein: Rechnen Sie 1 kg auf 10 Quadratmeter.

● **Magnesiummangel**

Wenn nicht genug Magnesium zur Verfügung steht, verlangsamt sich der Wuchs der Pflanze. Dies kommt vor allem auf leichten, stark sandhaltigen Böden vor, vor allem, wenn durch Regen oder Gießen ausgiebig gewässert wurde.

Symptome: Die unteren, älteren Blätter werden zwischen den Blattadern und an den Rändern gelb. Die jungen Blätter bleiben grün und gesund. Die älteren Blätter hingegen zeigen nicht selten einen purpurfarbenen oder bräunlichen Schimmer.

Betroffene Pflanzen: Nutz- und Zierpflanzen, weiche Früchte, Gemüse. Am häufigsten begegnet man dieser Mangelerscheinung bei Tomaten.

Vorbeugung: Achten Sie darauf, den pH-Wert zwischen 6,5 und 7 zu halten. Düngen Sie nicht zu viel mit Kalium, das die Magnesiumaufnahme blockiert.

Bei Auftauchen: Spritzen Sie mit Bittersalzlösung (Magnesiumsulfat, Apotheke). Rechnen Sie 200 g auf 10 Liter für eine Spritzlösung.

● Phosphatmangel

Phosphatmangel wirkt sich auf das Blütenwachstum aus. Gewöhnlich können Pflanzen nur ein Drittel des im Boden vorhandenen Phosphats verwerten.

Symptome: Eingeschränktes Pflanzenwachstum. Stumpfgrüne Blätter. Eingeschränkter Blütenansatz. Nach heftigen Regenfällen verstärkt sich das Problem, vor allem bei sauren Böden.

Betroffene Pflanzen: Alle, besonders aber Pflanzen, die auf tonigen Böden stehen. Sämlinge sind grundsätzlich gefährdet.

Vorbeugung: Arbeiten Sie regelmäßig gut verrotteten Rindermist (auch als Trockenprodukt) ein, da dieser organische Säuren produziert. Benutzen Sie einen ausgewogenen Dünger.

Bei Auftauchen: Gießen Sie mit einem phosphatbetonten Flüssigdünger. Langfristig lösen Sie das Problem durch das Einarbeiten von Knochenmehl.

● Stickstoffmangel

Bei zu wenig Stickstoff stellt die Pflanze ihr Wachstum ein. Dies kommt vor allem bei Böden vor, die wenig organisches Material enthalten, zum Beispiel im Gemüsegarten, wo die Pflanzen ja meist vollständig abgeerntet werden.

Symptome: Blassgrüne Blätter, die sich schließlich gelb oder rot verfärben. Die Triebe sind lang und dünn, die Triebspitzen verformt.

Betroffene Pflanzen: Alle.

Vorbeugung: Arbeiten Sie regelmäßig organischen Kompost in die Erde ein. Düngen Sie mit handelsüblichen Volldüngern.

Bei Auftauchen: In Notfällen sollten Sie einen stickstoffbetonten Flüssigdünger einsetzen. Längerfristig lösen Sie das Problem mit dem Ausbringen von Hornspänen.

Wussten Sie schon, dass ...

für optimales Wachstum Stickstoff, Phosphat und Kalium in einem Verhältnis von 1 : 1 : 1 ausgebracht werden sollten, wenn Sie das Wachstum der Pflanze allgemein stärken und viele Blätter erzielen wollen? Bei Blühpflanzen sollte der Phosphatanteil leicht überwiegen. Bei Pflanzen, die überwintert werden müssen, sollte ab dem Spätsommer mit einem kaliumbetonten Dünger gegossen werden. Andererseits darf sich nicht zu viel Kalium im Boden anreichern, weil es sonst zu Magnesiummangel kommt. Am besten benutzen Sie die fertig gemischten handelsüblichen Dünger.

Pflanzenprobleme: Samen und Sämlinge

Samen sind richtige kleine Kraftpakete. Jeder von ihnen enthält die gesamte genetische Information, um eine Pflanze wachsen zu lassen. Außerdem ernährt er den Keimling so lange, bis dieser sich durch Wurzeln und Triebe selbst versorgen kann. Die Nährstoffe sind im Samen als Stärke gelagert, was wiederum bedeutet, dass viele Tiere ihn „zum Fressen" gern haben. Menschen schätzen Nüsse, Bohnen oder Erbsen.

Vögel, Eichhörnchen und andere Kleinsäuger machen sich gerne über unsere Saatflächen her, sodass wir sie mitunter mit Netzen schützen müssen. Einige dieser Tiere machen sich auch über den Samen her, solange er noch als Frucht an der Altpflanze hängt. Das kostet uns mitunter eine ganze Ernte. Die Tiere scheinen oft besser als der Gärtner zu wissen, wann der Samen reif ist.

Insekten sind problematischer als Vögel oder Säugetiere, einfach weil sie schwieriger auszumachen sind. Sie bohren sich in den Samen hinein und zerstören ihn, bevor man überhaupt merkt, dass es ein Problem gibt. Erst wenn Sie die Samen ernten wollen und jeder von ihnen ein Loch aufweist, fällt der Schädlingsbefall auf. Mitunter bemerken wir sie erst, wenn wir ausgesät haben und die Saat sich nicht entwickelt.

Pflanzen aus Samen zu ziehen und ihnen beim Heranwachsen zuzusehen ist eine der schönsten Seiten des Gärtnerns. Wenn also hier etwas schief geht, die Keimlinge ausbleiben oder missgebildet sind, ist es besonders ärgerlich. Jeder Same ernährt seinen Keimling, bis sich Wurzeln und Triebe gebildet haben. Ist der Same allerdings nicht gesund, ist der Sämling gegenüber seinen Konkurrenten im Nachteil. So kann die Nährstoffreserve aufgebraucht sein, bevor er sich selbst ernähren kann. Oder es kommt in der Wachstumsphase zu Zellverformungen, was Missbildungen und Minderwuchs fördert. Hier sind die Schuldigen meist unter den Bodenpilzen zu suchen, daher sollten Sie hier auf allerhöchste Reinlichkeit achten. Benutzen Sie nur frischen oder sterilisierten Kompost. Waschen Sie die Töpfe und Aussaatschalen nach Benutzung aus, vor allem, wenn Sie schon früher Sämlinge verloren haben.

Sämlingskrankheiten sind schwieriger zu behandeln als Probleme mit konkreten Schädlingen. Eines der schwierigsten Probleme ist die sogenannte „Keimhemmung", doch dafür freut sich der Gärtner umso mehr, wenn er den Samen dann endlich zum Keimen gebracht hat.

Bei winterharten Bäumen und Stauden kann die Keimruhe durchbrochen werden, indem man Bedingungen schafft, welche die Pflanze auch in der Natur hat, also beispielsweise für eine richtig kalte Winterruhe sorgt.

Zu diesem Zweck sollten Sie den Samen mit ein wenig feuchtem Sand vermischen (damit er nicht austrocknet), die Mischung in eine Plastiktüte geben und bis zu sechs Wochen in den Kühlschrank legen.

Andere Samen müssen eingeweicht werden, bevor man sie aussät, um die harte Schale aufzuweichen. In besonders schwierigen Fällen brauchen die Samen zwei Winter, um zum Keimen zu kommen. Haben Sie also einfach ein bisschen Geduld.

Fraßschäden

● **Ackerbohnenkäfer**

Das Insekt (*Bruchus rufimanus*), das nur 3 mm lang wird, legt seine Eier in den Hülsen von Bohnen oder Erbsen ab. Schlüpfen die Larven, bohren sie sich in die Frucht.

Symptome: Das Saatgut weist Löcher auf. Wenn die Larve noch im Samen sitzt, zeigt dieser häufig einen bläss-lichen, runden Fleck, der auf die Fraß-höhle hinweist.

Betroffene Pflanzen: Bohnen (vor allem Puffbohnen) und Erbsen aller Arten und Sorten.

Vorbeugung: Sortieren Sie alle Samen aus, die Löcher aufweisen.

Bei Befall: Es gibt kein wirksames Gegenmittel. Wenn man die Samen einweicht, kommen die Tiere mitunter zum Vorschein.

● **Bohnenfliege**

Das weibliche Insekt (*Delia platura*) legt seine Eier im Boden nahe beim Samen ab, vor allem, wenn viel organisches Material im Erdreich vorhanden ist.

Symptome: Keimende Samen und jun-ge Sämlinge zeigen ausgefranste Blätter und sterben schnell ab. Weiße Maden von etwa 8 mm Länge ernähren sich von den Pflanzen, die sich manchmal wieder erholen, nur um später ver-krümmte Triebe hervorzubringen.

Betroffene Pflanzen: Grüne Bohnen, Stangenbohnen, Erbsen.

Vorbeugung: Bei langsamer Keimung tritt das Problem vermehrt auf. Ziehen Sie Pflanzen in Töpfen, bevor Sie sie auspflanzen.

Bei Befall: Tränken Sie den Boden mit Rotenonpräparaten, sobald Sie das Prob-lem entdeckt haben.

• Graues Eichhörnchen

Dieser Schädling hält sich auf Bäumen auf und dringt gerne in Gärten ein, um dort Früchte, Nüsse und Gemüse zu naschen. Gewöhnlich bringen sie Jahr für Jahr zwei Würfe Jungtiere zur Welt.
Symptome: Fraßschäden an Haselnuss, Kiefernzapfen, Erdbeeren, Walnüssen und zahllosen Beeren und Früchten. Manchmal lassen sie halb aufgefressene Früchte auf dem Boden zurück.

Betroffene Pflanzen: Eine ganze Reihe von Pflanzen, vor allem im Herbst.
Vorbeugung: Eigentlich nicht möglich, da Eichhörnchen sogar Draht durchbeißen.
Bei Befall: Behandeln Sie Ihre Früchte mit Chiliextrakt. Auf diese Weise verliert der Nager den Appetit darauf.

• Haselnussbohrer

Ein brauner Käfer (*Curculio nucum*) von 1 cm Länge, der seine Eier auf die Blätter oder in die jungen Früchte der Haselnusspflanze legt.
Symptome: Punktförmige Löcher von 1–2 mm Durchmesser in der Schale der Nüsse. Hier haben sich die Larven des Käfers nach außen gebohrt. Die Larve hat die Nüsse leer gefressen.

Betroffene Pflanzen: Alle Haselnussarten und -sorten.
Vorbeugung: Es gibt kein zugelassenes Mittel gegen den Haselnussbohrer. Sammeln Sie befallene Nüsse auf und verbrennen Sie sie.
Bei Befall: Spritzen Sie die sich entwickelnden Nüsse mit Rotenon- oder Pyrethrumpräparaten. Auf diese Weise halten Sie die Weibchen davon ab, ihre Eier darin abzulegen.

• Hausmutter

Die Raupen des Nachtfalters (*Noctua pronuba*) werden bis zu 4 cm lang. Sie sind cremeweiß und zeigen dunkle Markierungen entlang des Körpers.
Symptome: Jungpflanzen und Sämlinge welken plötzlich und sterben ab. Meist sind die Wurzeln vollkommen weggefressen. Dieser Schaden tritt normalerweise in der ganzen Saatgutreihe auf.
Betroffene Pflanzen: Eine große Zahl von Nutz- und Zierpflanzen, vor allem aber Sämlinge und Jungpflanzen.

Vorbeugung: Achten Sie auf gute Durchlüftung des Erdreichs. Halten Sie den Boden unkrautfrei. Suchen Sie die Erde um die abgestorbenen Sämlinge ab. Normalerweise ist die Raupe leicht zu entdecken. Sie sollte zerstört werden.
Bei Befall: Tränken Sie die Erde mit Rotenonpräparaten, wenn der Schaden sichtbar wird. Gießen Sie mit einem Mittel, das die Nematodenart *Steinernema carpocapsae* enthält.

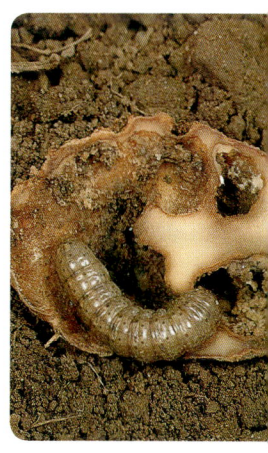

Welkekrankheiten

● **Mutterkorn**

Ein Pilz (*Claviceps purpurea*) bildet sich auf Blüten und Samen von Wild- und Kulturpflanzen. Der Pilz ist selten, doch wenn er auftaucht, sollte er mit größter Vorsicht behandelt werden, weil seine Sporen Halluzinationen, Übelkeit und Krämpfe auslösen können.

Symptome: Harte, purpurn schwarze Auswüchse zwischen den Samen. Häufig werden die Samen von der Krankheit zerstört.

Betroffene Pflanzen: Viele Wild- und Rasengräser, einige Getreidearten.

Vorbeugung: Mähen Sie alle infizierten Pflanzen. Infizierte Samenstände verbrennen. Danach in jedem Fall die Hände waschen.

Bei Befall: Es gibt kein wirksames Gegenmittel.

● **Tomatenaspermievirus**

Dieses Virus kommt in Chrysanthemen häufig vor und wird von der Grünen Pfirsichblattlaus (*Myzus persicae*) auf andere Pflanzen übertragen.

Symptome: Pflanzen zeigen Minderwuchs und wachsen zu buschig. Die Blätter sind missgebildet und zeigen gelbe Sprenkel auf der Blattoberseite. Die Früchte bleiben klein und tragen keine Samen. Finden sich Samen, so gehen sie nicht auf.

Betroffene Pflanzen: Tomaten, Paprika und Auberginen.

Vorbeugung: Tomaten und Chrysanthemen nicht zusammen pflanzen.

Bei Befall: Infizierte Pflanzen entfernen und verbrennen. Keinesfalls Samen befallener Pflanzen verwenden.

● Umfallkrankheit

Sie wird durch eine Reihe von Bodenpilzen ausgelöst. Dazu gehören Phytophthora-, Pythium- und Rhizotonia-Arten. Diese befallen die Wirtspflanze und töten sie. Das stellt vor allem bei Beetpflanzen ein Problem dar.

Symptome: Die Sämlinge entwickeln sich nach der Keimung nicht weiter. Sie fallen um und verfaulen. Häufig überzieht ein Pilzgeflecht die abgestorbenen Pflanzen.

Betroffene Pflanzen: Junge Sämlinge (etwa fünf Tage nach der Keimung). Am empfindlichsten sind Beet- und Zimmerpflanzen.

Vorbeugung: Achten Sie auf gute Hygiene. Jungpflanzen nur in sterilisiertem Kompost und sauberen Gefäßen anziehen. Benutzen Sie dazu nur mit einem Fungizid behandelte Samen. Spritzen Sie die Sämlinge nach der Keimung mit einem kupferbasierten Fungizid.

Bei Befall: Tränken Sie infizierte Sämlinge und Saatschalen mit einem kupferbasierten Fungizid.

● Verklebte Blüten

Diese Störung kommt vor allem bei Pflanzen vor, die nach einem Regen ihre dünnen Blütenblätter nicht mehr öffnen können. In der Folge siedelt sich häufig Grauschimmel (*Botrytis cinerea*) an.

Symptome: Rosenknospen entwickeln sich normal, können sich aber nicht öffnen. Manchmal werden sie honiggelb. Die Blüten knicken ein und fallen ab.

Betroffene Pflanzen: Rosen, vor allem Teerosen, alte Rosen und englische Rosen.

Vorbeugung: Pflanzen Sie Sorten, die keine große Anzahl an Blütenblättern aufweisen.

Bei Befall: Schütteln Sie Ihre Rosenbüsche nach Regenfällen sanft. Schlitzen Sie die äußere Hülle der Knospen mit einer Rasierklinge auf.

> **Wussten Sie schon, dass ...**
> einige Viren wie das Gurkenmosaikvirus so mobil sind, dass man sie schon übertragen kann, wenn man nur an einer befallenen Pflanze vorbeistreift?

Andere Störungen

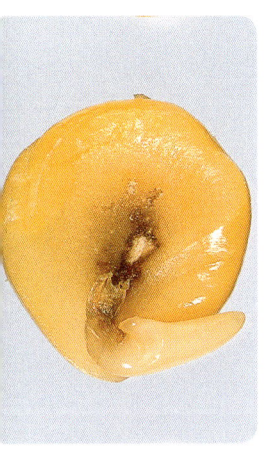

● **Dörrfleckenkrankheit**

Diese Störung wird vor allem durch Manganmangel verursacht und kommt besonders bei Pflanzen vor, die auf leichten, sandigen Böden oder auf Böden mit hohem Anteil an organischem Material stehen.

Symptome: Die unteren, älteren Blätter werden zwischen den Blattadern gelb. Die jüngeren bleiben grün und sehen gesund aus. Öffnet man den Samen, zeigt sich ein dunkler, eingesunkener Fleck in der Mitte. Die Samen keimen meist nicht oder bringen nur verkrüppelte Sämlinge hervor.

Betroffene Pflanzen: Bohnen und Erbsen.

Vorbeugung: Halten Sie einen Boden-pH-Wert von 6,5 bis 7 aufrecht. Verbessern Sie den Wasserabzug.

Bei Auftauchen: Bringen Sie Mangansulfat aus. Rechnen Sie mit 1,5 g auf 2 Quadratmeter. Oder gießen Sie mit einem handelsüblichen Volldünger, der alle Spurenelemente enthält.

● **Keimhemmung**

Die Keimhemmung wird durch einen chemischen oder materiellen Schutzmantel um den Samen herum bewirkt.

Symptome: Samen gehen trotz idealer Wachstumsbedingungen nicht auf.

Betroffene Pflanzen: Eine ganze Reihe von Pflanzen zeigt diese Störung, vor allem alle winterharten Arten.

Vorbeugung: Ernten Sie den Samen, kurz bevor die Frucht reif ist, um die Wachstumshemmer im Samen auf ein Minimum zu reduzieren.

Bei Auftauchen: Schichten Sie die Samen in feuchten Sand und bewahren Sie sie ein Jahr auf, bevor Sie aussäen.

Thermisch bedingte Keimhemmung

Diese Störung wird durch Säen in zu warmen Kompost bewirkt. Dies hemmt den Entwicklungsprozess von Samen und Sämling.

Symptome: Auf schnelles Keimen des Samens folgt der Kümmerwuchs der Sämlinge, die im Wachstum innehalten. Mitunter treibt der Sämling später weiter, bringt aber nur verkrümmte und kümmernde Pflänzchen hervor.

Betroffene Pflanzen: Eine ganze Reihe von Pflanzen, sehr häufig bei Salat und Rosengewächsen wie zum Beispiel dem Apfelbaum (Malus).

Vorbeugung: Säen Sie Samen spät abends in kühle Erde und gießen Sie sofort. Auch der anbrechende Morgen ist ein guter Zeitpunkt für die Aussaat.

Bei Auftauchen: Säen Sie Romanasalat, da dieser weniger anfällig ist.

Triebspitzenblindheit

Diese Störung entwickelt sich durch verschiedene Faktoren: Schädlinge, Trockenheit, Staunässe, ja sogar genetische Faktoren spielen dabei eine Rolle.

Symptome: Die Triebspitzen werden braun und hören zu wachsen auf, weil der sogenannte „Wachstumspunkt" beschädigt wurde. Bei der Eiche (Quercus) erscheinen hinter dem Wachstumspunkt viele kleine Triebe, was aussieht wie ein Vogelnest.

Betroffene Pflanzen: Eine ganze Reihe von Pflanzen, vor allem Blumenkohl und Brokkoli.

Vorbeugung: Keine Staunässe im Substrat. Gute Nährstoffversorgung.

Bei Auftauchen: Es gibt kein wirksames Gegenmittel.

Wussten Sie schon, dass ...

die Wurzeln (Rhizomorphe) des Honigschwamms (Armillaria) sich pro Jahr einen Meter durch die Erde bewegen, um einen neuen Wirt zu finden?

Checkliste für Zierpflanzen

Problem	Pflanzenteil	Jahreszeit	Wirtspflanzen
Achateule	G	5–10	Zahlreiche Zimmer- und Gewächshauspflanzen wie Chrysanthemen und Freilandpflanzen
Ameisen	W	5–8	Viele Nutz- und Zierpflanzen, im Freiland und im Haus
Asseln	W	3–10	Zahlreiche Nutz- und Zierpflanzen, meist jedoch Sämlinge von Gemüse- und Beetpflanzen
Azaleengallen	S	1–2	Rhododendren und Azaleen im Freiland und im Haus
Blausieb	S	4–8	Bäume, vor allem Apfel (Malus), Esche (Fraxinus), Birke (Betula), Weißdorn (Crataegus), Ahorn (Acer), Eiche (Quercus) und Birne (Pyrus)
Chrysanthemenrost	B	1–12	Alle Chrysanthemenarten und -sorten
Clematiswelke	G	4–9	Alle Zuchtformen der Clematis, vor allem die großblumigen, sommerblühenden Sorten
Dahlien-Brennfleckenkrankheit	B	7–10	Alle Dahlienarten und -sorten
Dickmaulrüssler	W	9–4	Viele Nutz- und Zierpflanzen wie Begonien, Kamelien, Alpenveilchen, Fuchsien, Primeln und Rhododendron

Schlüssel

Befallene Pflanzenteile
B = Blätter
Bl = Blüten bzw. Früchte
G = Ganze Pflanze
S = Spross
Sa = Samen oder Sämling
W = Wurzeln

Jahreszeit
1 = Wintermitte
2 = Spätwinter
3 = Beginnendes Frühjahr
4 = Frühjahrsmitte
5 = Spätes Frühjahr
6 = Frühsommer
7 = Sommermitte
8 = Spätsommer
9 = Frühherbst
10 = Herbstmitte
11 = Spätherbst
12 = Winteranfang

Problem	Pflanzenteil	Jahreszeit	Wirtspflanzen
Echter Mehltau an Rosen	B	3–10	Rosen aller Arten und Sorten
Eichhörnchen	S	1–12	Viele Nutz- und Zierpflanzen, vor allem im Herbst
Farbvirose	Bl	1–12	Zahlreiche Nutz- und Zierpflanzen
Feuerdorn-Schorf	Bl	5–12	Feuerdorn
Fichtengallen	S	5–8	*Picea abies* und Sorten
Gartenlaubkäfer	W	6–8	Rasen, Jungpflanzen
Gespinstmotten	B	4–6	Apfel *(Malus)*, Weißdorn *(Crataegus)*, Kirsche, Weide *(Salix)* und viele andere
Hasen und Kaninchen	S	1–12	Zahlreiche Nutz- und Zierpflanzen, vor allem Jungpflanzen und Apfelbäume
Hexenreiser	S	1–12	Akazien, Birken *(Betula)*, Kirsche und Pflaume *(Prunus)*, Hainbuche *(Carpinus)* sind regelmäßig betroffen, aber auch andere Pflanzen
Hexenringe	W	6–10	Hochwertige Rasengräser in gepflegten Rasenflächen
Honigschwamm	W	4–9	Zahlreiche Nutz- und Zierpflanzen
Keimhemmung	Sa	1–12	Viele Nutz- und Zierpflanzen, vor allem Bäume und Sträucher
Kronengallen	S	1–12	Viele Nutz- und Zierpflanzen

Problem	Pflanzenteil	Jahreszeit	Wirtspflanzen
Krummwuchs	S	1–12	An verholzenden Pflanzen
Lilienhähnchen	B	5–6	Lilien- und Fritillaria-Arten
Löwenmäulchen-Rost	B	4–9	Löwenmäulchen
Nacktschnecken	S	3–10	Zahlreiche Nutz- und Zierpflanzen, vor allem Hosta-Arten sowie alle Sämlinge und Jungpflanzen
Nelkenwelke	B	4–9	Nelken u. Federnelken (Dianthus spp.)
Päonienwelke	W	5–6	Viele Staudenpäonien, einige Baumpäonien
Pelargonienrost	B	1–12	Alle Pelargonienarten und -sorten bis auf die efeublättrigen Sorten
Pelargonium-Stecklingsfäule	W	1–12	Alle Stecklinge, die gerade bewurzeln, vor allem bei Pelargonien
Pfirsichkräuselkrankh.	B	5–6	Alle Mitglieder der Gattung Prunus
Rhododendron-Blattfleckenkrankheit	B	1–12	Rhododendren
Rhododendron-Knospensterben	Bl	9–3	Azaleen und Rhododendren
Riesenporling	G	1–12	Viele Bäume, darunter Buche (Fagus), Birke (Betula), Eiche (Quercus) und Esskastanie (Castanea sativa)
Rindenbrand	G	4–9	Vor allem Pflaumen- und Kirschbäume (Prunus)
Rosengallwespe	S	5–9	Rosen aller Arten und Sorten

Problem	Pflanzenteil	Jahreszeit	Wirtspflanzen
Rotfadenkrankheit	B	7–9	Rasen, vor allem bestimmte Gräser wie Weidelgras, Schwingel und Wiesenrispe
Rotpustelkrankheit	S	1–12	Viele verholzende Pflanzen, darunter Japanischer Ahorn *(Acer palmatum)*, Magnolien, Maulbeerbäume *(Morus)*, Feuerdorn und Walnuss *(Juglans)*
Rübenkopfälchen	S	4–9	Viele Nutz- und Zierpflanzen, vor allem Phlox und Narzissen, Zwiebeln, Knoblauch und Erdbeeren
Salomonssiegel-Blattwespe	B	5–6	Alle Arten des Salomonssiegels
Sclerotiniafäule	W	5–12	Viele Nutz- und Zierpflanzen, vor allem Stauden, Chrysanthemen, Dahlien und Gemüsesorten
Seerosen-Blattkäfer	B	6–8	Seerosen *(Nymphaea spp.)*
Spatzen	Bl	1–12	Viele Nutz- und Zierpflanzen, auch Zwiebel- und Knollenpflanzen
Spinnmilbe	B	1–12	Viele Nutz- und Zierpflanzen, vor allem aber Weinrebe, Nelken, Chrysanthemen, Melonen und Gurken
Spitzendürre	Bl	3–5	Alle Arten und Sorten von Apfel *(Malus)*, Kirsche *(Prunus)*, Birne *(Pyrus)* und Felsenbirne

Problem	Pflanzenteil	Jahreszeit	Wirtspflanzen
Sternrußtau	B	4–9	Rosen aller Arten und Sorten
Thrips	S	3–7	Zahlreiche Nutz- und Zierpflanzen
Ulmensterben	S	4–9	Alle Ulmen (Ulmus) u. Zelkova-Arten
Veilchenrost	W	1–12	Alle Veilchenarten und -sorten
Verticilliumwelke	W	4–9	Stauden, verholzende Stauden, Gemüse, besonders anfällig: Japanischer Ahorn (Acer palmatum)
Wanzen	S	5–6	Viele Pflanzen, darunter Bartblume, Dahlien, Forsythie, Fuchsie, Hortensie und Rose
Wildverbiss	S	1–12	Alle Pflanzen, am wenigsten bei den verholzenden Arten
Wurzelälchen	W	1–12	Viele Nutz- und Zierpflanzen, unter anderem Kohl, Karotten, Zwiebeln, Erbsen, Kartoffeln und Tomaten
Wurzelfäule	W	1–12	Apfel (Malus), Buche (Fagus), Kirsche (Prunus), Zypresse (Cupressus), Lilie (Tilia), Rhododendron, Eibe (Taxus) sowie viele Zierpflanzen
Wurzelhalsfäule am Buchs	B	4–9	Alle Buchsarten (Buxus spp.) und ihre Sorten
Wurzelschimmel	W	1–12	Viele Nutz- und Zierpflanzen, darunter Weinrebe (Vitis), Apfel (Malus), Birne (Pyrus), Kartoffeln, Blumenzwiebeln und Liguster

Checkliste für Obst

Problem	Pflanzenteil	Jahreszeit	Wirtspflanzen
Apfelblütenstecher	Bl	3–5	Alle Apfelarten und Sorten
Apfelmehltau	B	3–10	Alle Arten und Sorten der Gattungen Apfel *(Malus)*, Mispel *(Mespilus)*, Birne *(Pyrus)* und Quitte *(Cydonia)*
Apfelsägewespe	Bl	6–7	Die meisten Speiseäpfel *(Malus)*
Apfelschorf	B	4–9	Alle Nutz- und Zieräpfel, vor allem in nassen Jahren
Apfelwickler	Bl	6–7	Apfel-, gelegentlich auch Birnbäume, Mispeln *(Mespilus)* und Quitten
Birnengallmücke	Bl	4–5	Zahlreiche Nutz- und Zierpflanzen
Bleiglanz	S	4–10	Alle Angehörigen der Gattung *Prunus*, sowohl Nutz- als auch Zierpflanzen, die beschnitten werden; auch Pappeln *(Populus)*
Bodenmüdigkeit	G	1–12	Viele Nutz- und Zierpflanzen, vor allem aber Rosen und Rosengewächse wie Apfelbaum, Kirsch- und Pflaumenbaum sowie Birnbaum
Braunfäule	Bl	7–10	Äpfel *(Malus)*, Nektarinen, Pfirsiche und Pflaumen *(Prunus)* sowie Birnen *(Pyrus)*
Dompfaff	Bl	11–3	Viele Bäume und Ziersträucher, darunter Apfel-, Kirsch-, Pflaumen- und Birnbaum, Forsythie, Stachelbeere

Problem	Pflanzenteil	Jahreszeit	Wirtspflanzen
Feuerbrand	S	4–6	Viele Angehörige der Familie der Rosengewächse: Cotoneaster, Holzapfel (Malus), Weißdorn (Crataegus), Feuerdorn, Eberesche (Sorbus) und Quitte
Frostspanner	Bl	4–6	Die meisten Obstbäume und viele Zierpflanzen
Gelbzwergvirus bei Himbeere	G	4–10	Alle Himbeerarten und -sorten
Grüne Pfirsichblattlaus	S	4–10	Zahlreiche Nutz- und Zierpflanzen, darunter Bäume, Sträucher, Kletterpflanzen und viele mehr
Haselnussbohrer	S	7–8	Haselnusssträucher
Himbeermotte	G	4–6	Brombeere, Loganbeere und Himbeere
Johannisbeer-Blattgallmücke	B	3–5	Schwarze Johannisbeere, aber auch Haselnuss- (Corylus) und Taxussorten
Johannisbeer-Virose	G	1–12	Schwarze und andere Johannisbeerarten
Obstbaumkrebs	S	1–12	Zahlreiche Nutz- und Zierpflanzen, darunter Apfel (Malus), Buche (Fagus), Weißdorn (Crataegus), Birne (Pyrus), Pappel (Populus), Eberesche (Sorbus) und Weide (Salix)

Problem	Pflanzenteil	Jahreszeit	Wirtspflanzen
Pflaumenwickler	Bl	4–5	Pflaumen, Zwetschgen und Reineclauden
Rote Wurzelfäule der Erdbeere	W	4–10	Erdbeeren *(Fragaria spp.)*
Schwarze Kirschblattwespe	B	4–10	Birnen, Kirschen und Pflaumen, Weißdorn *(Crataegus)*, Esche und Quitte
Stachelbeer-Blattwespe	B	5–6	Stachelbeere, Rote und Weiße Johannisbeere
Steinfrüchtigkeit	Bl	9–11	Birnen und Quitten
Stippigkeit	Bl	9–10	Alle Apfelarten und -sorten
Wanzen	Bl	5–6	Viele Obstpflanzen, vor allem Apfelbäume *(Malus)*, Johannisbeeren, Stachelbeeren, Himbeeren und Erdbeeren, viele Zierpflanzen
Weichhautmilben	B	4–10	Vor allem Zimmer- und Gewächshauspflanzen
Weidenbohrer	G	4–8	Reife Bäume: Esche, Buche, Ulme, Eiche und Pappel
Zwergviruskrankheit	G	4–10	Alle Mitglieder der Gattung *Prunus*, vor allem aber die essbaren Arten

Checkliste für Gemüse

Problem	Pflanzenteil	Jahreszeit	Wirtspflanzen
Ackerbohnenkäfer	S	7–9	Alle Bohnen, vor allem Puffbohnen, und Erbsen
Bakterielle Ringfäule der Tomate	G	5–8	Tomaten
Blütenendfäule	Bl	5–10	Tomaten und Paprika
Bohnenfliege	S	4–6	Grüne Bohnen und Stangenbohnen sowie Erbsen
Brennfleckenkrankheit der Bohne	G	5–8	Feuerbohnen, Busch- und Stangenbohnen
Dörrfleckenkrankheit	Sa	6–10	Erbsen und Bohnen
Erbsenwelke	W	5–9	Erbsen und verwandte Pflanzen wie die Wicke (Lathyrus)
Erbsenwickler	Bl	7–8	Viele Erbsenarten und -sorten
Erdfloh	B	4–10	Rettich, Rüben, Steinkraut, Blaukissen, Kapuzinerkresse (Tropaeolum), Stockrosen (Matthiola) und Goldlack (Erysium)
Hausmutter	W	6–9	Viele Pflanzen, vor allem aber junge Gemüsesetzlinge, Erdbeeren, Chrysanthemen und Dahlien
Kartoffelkäfer	G	5–7	Auberginen, Paprika, Kartoffeln und Tomaten
Kartoffelnassfäule	W	5–8	Kartoffeln und andere verwandte Pflanzen wie der Schwarze Nachtschatten (Solanum nigrum)

Problem	Pflanzenteil	Jahreszeit	Wirtspflanzen
Kleine Kohlfliege	W	4–9	Alle Mitglieder der Gattung *Brassica* sowie Zierpflanzen wie Steinkraut, Blaukissen, Stockrosen und Goldlack
Kleine Möhrenfliege	W	4–9	Sellerie, Stangensellerie, Möhren, Fenchel, Petersilie und Pastinaken
Kohlhernie	W	1–12	Alle Mitglieder der Gattung *Brassica* und ihre Verwandten
Kohlmehltau	B	4–10	Alle Mitglieder der Gattung *Brassica* sowie Verwandte, auch Zierpflanzen wie *Alyssum* und Goldlack
Kohlweißling	B	4–9	Alle Arten und Sorten der Gattungen *Brassica* sowie Kapuzinerkresse
Kraut- und Knollen-fäule der Kartoffel	B	5–8	Kartoffeln und Tomaten
Maisbrand	Bl	7–9	Mais, auch Ziermais
Mehlige Kohlblattlaus	B	6–9	Alle Mitglieder der Kohlfamilie, vor allem Blattkohlarten
Möhrenscheckigkeit	G	1–12	Alle Möhren- und Petersiliensorten
Spargelhähnchen	G	4–9	Spargelpflanzen und andere der Familie der Liliengewächse
Sumpfschnake	W	9–5	Junge Gemüse- und Salatpflanzen sowie viele Zierpflanzen, auch Rasen
Thermisch bedingte Keimhemmung	Sa	5–9	Viele Pflanzen, darunter Salat und Angehörige der Familie der Rosen-gewächse (z. B. die *Malus*-Arten)

Problem	Pflanzenteil	Jahreszeit	Wirtspflanzen
Tomatenaspermievirus	Sa	1–12	Tomaten, Paprika und Aubergine
Tomatenstängelfäule	G	4–10	Tomaten und Auberginen
Triebspitzenschäden	S	4–7	Zahlreiche Nutz- und Zierpflanzen, darunter Brokkoli, Blumenkohl und viele andere
Violette Wurzelfäule	G	4–10	Spargel, Rote Bete, Möhren, Sellerie, Pastinaken, Kartoffeln, Rüben, auch Stauden
Wurzelgallenälchen	W	1–12	Möhren, Zwiebeln, Kartoffeln, Tomaten, Chrysanthemen und Alpenveilchen
Wurzelwollläuse	W	4–10	Stangenbohnen, grüne Bohnen, Topinambur, Salat, Aurikeln und Rosen
Zwiebelfäule	W	1–12	Frühlingszwiebeln, Knoblauch, Lauch, Schalotten und Salatzwiebeln
Zwiebelfliege	W	5–7	Frühlingszwiebeln, Knoblauch, Lauch, Schalotten und Salatzwiebeln

Checkliste für Zimmerpflanzen

Problem	Pflanzenteil	Jahreszeit	Wirtspflanzen
Chrysanthemen-Blattminierfliege	B	1–12	Chrysanthemen, Cinerarien *(Pericallis)*, Gerbera, Mutterkraut
Grauschimmel	G	1–12	Nahezu alle Pflanzen, solche mit weichem Gewebe wie Früchten und Blüten
Hundertfüßer	W	1–12	Zahlreiche Nutz- und Zierpflanzen, vor allem Zwiebelpflanzen, Beetpflanzen, Gemüse und Sämlinge
Napfschildlaus	S	1–12	Viele Zierpflanzen, im Gewächshaus
Ohrwurm	Bl	5–10	Stauden, Chrysanthemen, Dahlien, Zimmer- und Gemüsejungpflanzen
Sonnenschäden	B	5–9	Viele an heißen, hellen Standorten
Staunässe	G	1–12	Jede Pflanze
Trauermücken	W	1–12	Viele Zimmerpflanzen, Stecklinge und Beetpflanzen
Umfallkrankheit	Sa	1–12	Sämlinge (meist bis zu fünf Tagen nach dem Keimen), am anfälligsten sind Beet- und Zimmerpflanzen
Weiße Fliege	B	1–12	Viele Nutz- und Zierpflanzen, im Gewächshaus, aber auch im Freien
Wolllaus	S	1–12	Zierpflanzen und Gewächshauspflanzen
Wurzelläuse	W	1–12	Viele, vor allem Gewächshaus- und Zimmerpflanzen, auch im Freiland
Wurzelwolllaus	W	1–12	Viele Pflanzen, v. a. Usambaraveilchen, Kakteen, Fuchsien und Pelargonien

Problemlösungen

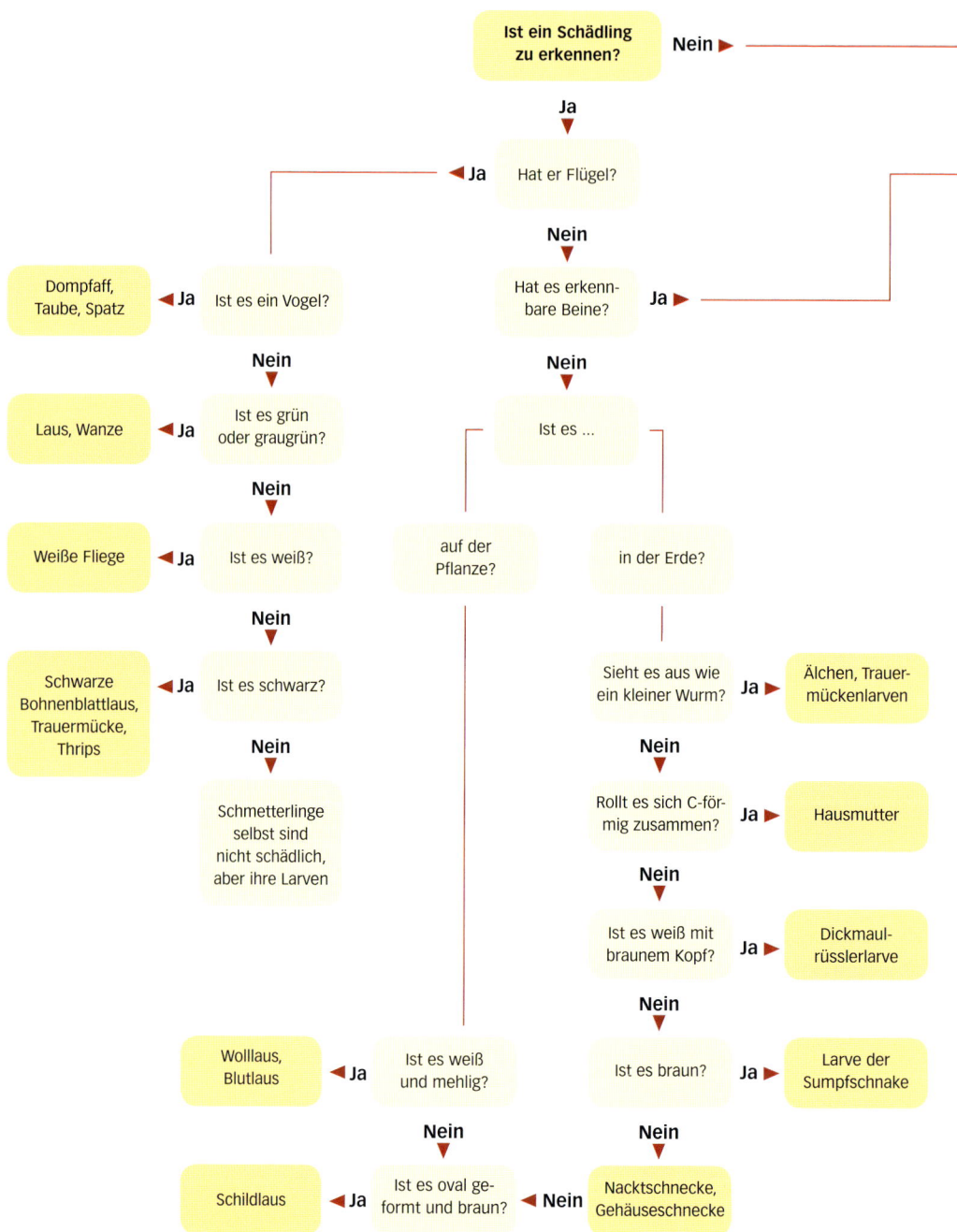

Ist ein Schädling zu erkennen? — **Nein** ▶

Ja ▼

Hat er Flügel? — ◀ **Ja**

Nein ▼

Dompfaff, Taube, Spatz ◀ **Ja** — Ist es ein Vogel?

Hat es erkennbare Beine? — **Ja** ▶

Nein ▼

Nein ▼

Laus, Wanze ◀ **Ja** — Ist es grün oder graugrün?

Ist es ...

Nein ▼

Weiße Fliege ◀ **Ja** — Ist es weiß?

auf der Pflanze?

in der Erde?

Nein ▼

Schwarze Bohnenblattlaus, Trauermücke, Thrips ◀ **Ja** — Ist es schwarz?

Sieht es aus wie ein kleiner Wurm? **Ja** ▶ Älchen, Trauermückenlarven

Nein ▼

Nein ▼

Schmetterlinge selbst sind nicht schädlich, aber ihre Larven

Rollt es sich C-förmig zusammen? **Ja** ▶ Hausmutter

Nein ▼

Ist es weiß mit braunem Kopf? **Ja** ▶ Dickmaulrüsslerlarve

Nein ▼

Wolllaus, Blutlaus ◀ **Ja** — Ist es weiß und mehlig?

Ist es braun? **Ja** ▶ Larve der Sumpfschnake

Nein ▼

Nein ▼

Schildlaus ◀ **Ja** — Ist es oval geformt und braun? ◀ **Nein** — Nacktschnecke, Gehäuseschnecke

Weiter auf Seite 134

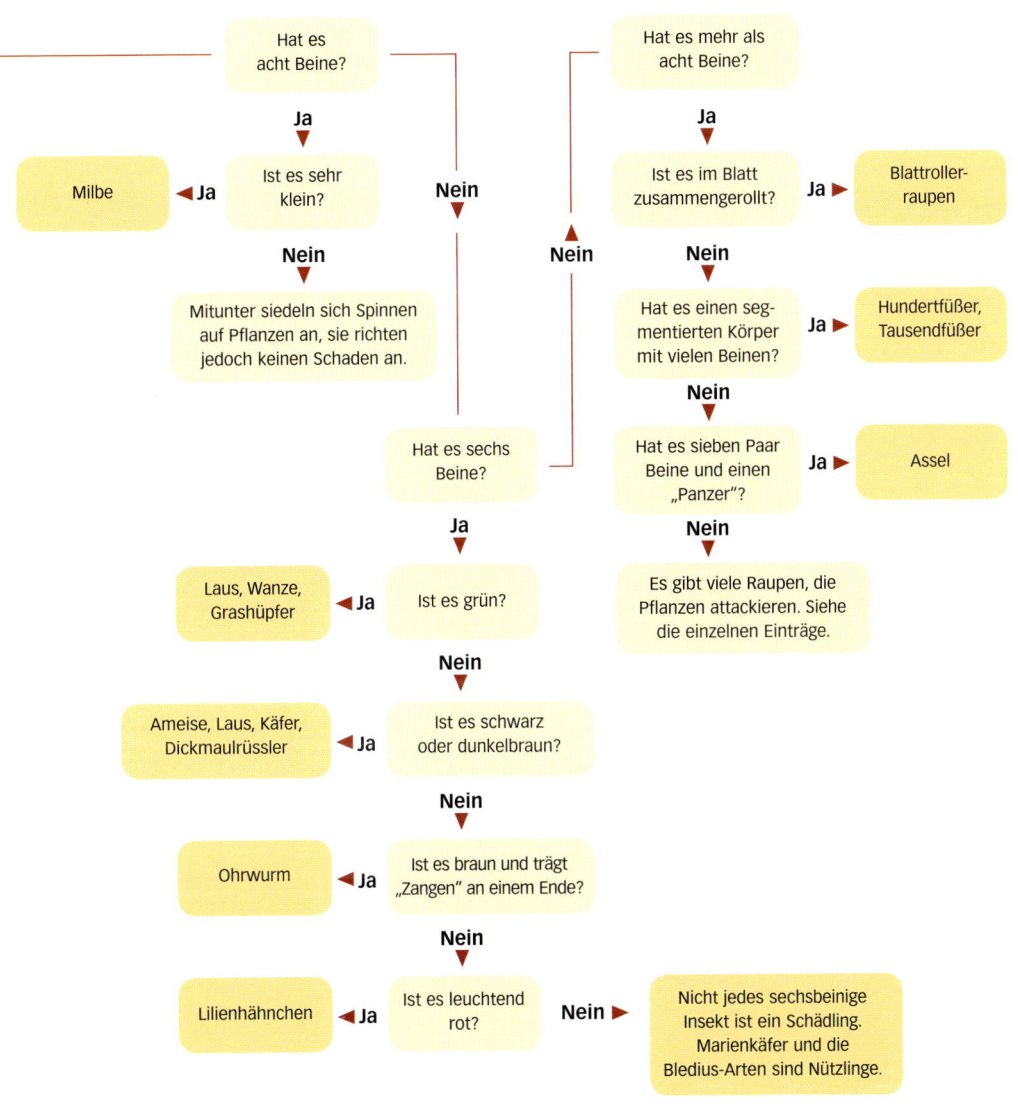

Hat es
acht Beine?

Hat es mehr als
acht Beine?

Ja

Ja

Milbe ◀ **Ja**   Ist es sehr
klein?

Nein

Ist es im Blatt
zusammengerollt? **Ja** ▶ Blattroller-
raupen

Nein

Nein

Mitunter siedeln sich Spinnen
auf Pflanzen an, sie richten
jedoch keinen Schaden an.

Hat es einen seg-
mentierten Körper
mit vielen Beinen? **Ja** ▶ Hundertfüßer,
Tausendfüßer

Nein

Hat es sechs
Beine?

Hat es sieben Paar
Beine und einen
„Panzer"? **Ja** ▶ Assel

Ja

Nein

Laus, Wanze,
Grashüpfer ◀ **Ja**   Ist es grün?

Es gibt viele Raupen, die
Pflanzen attackieren. Siehe
die einzelnen Einträge.

Nein

Ameise, Laus, Käfer,
Dickmaulrüssler ◀ **Ja**   Ist es schwarz
oder dunkelbraun?

Nein

Ohrwurm ◀ **Ja**   Ist es braun und trägt
„Zangen" an einem Ende?

Nein

Lilienhähnchen ◀ **Ja**   Ist es leuchtend
rot?   **Nein** ▶ Nicht jedes sechsbeinige
Insekt ist ein Schädling.
Marienkäfer und die
Bledius-Arten sind Nützlinge.

Problemlösungen 133

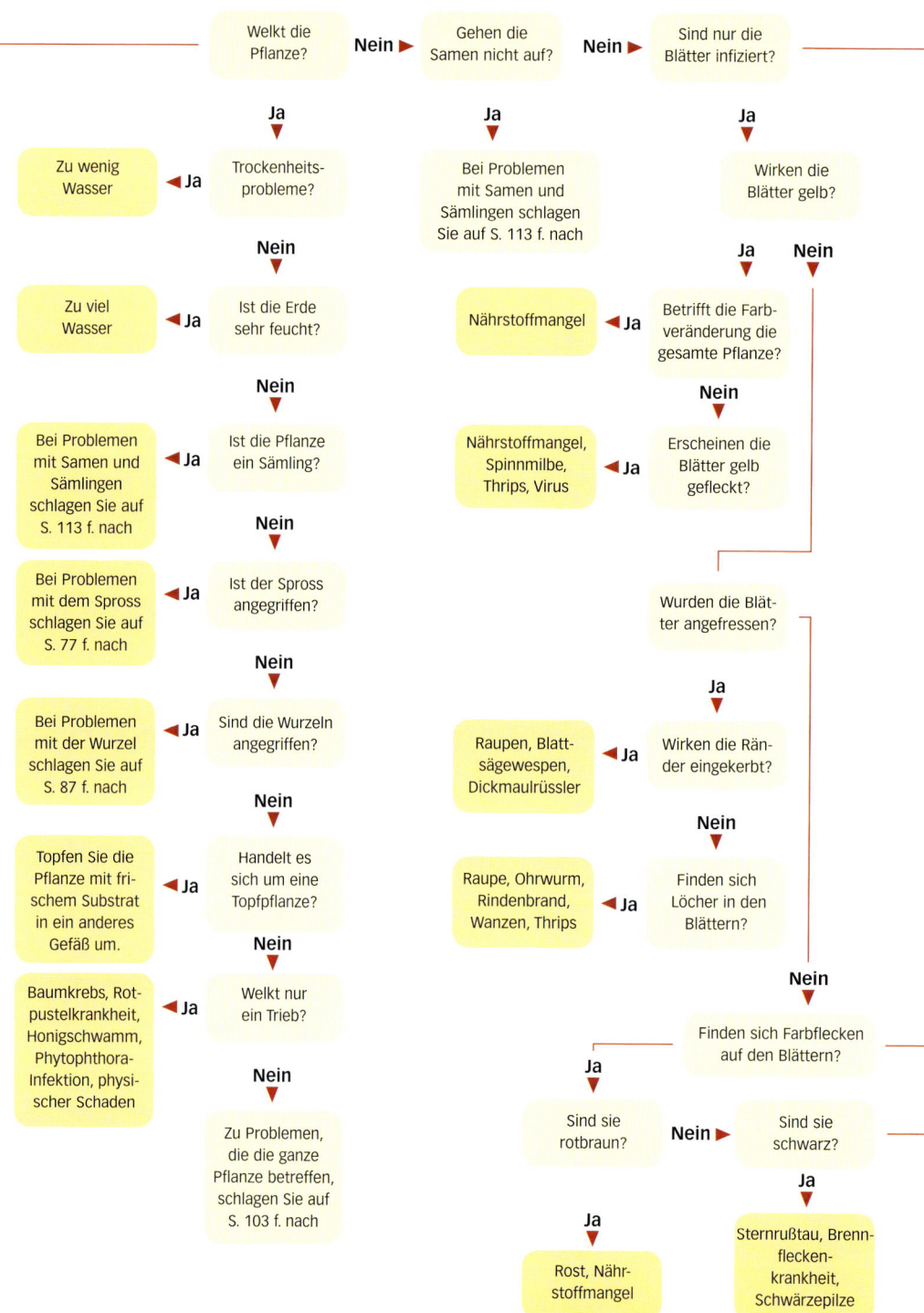

Welkt die Pflanze? — **Nein ▶** — Gehen die Samen nicht auf? — **Nein ▶** — Sind nur die Blätter infiziert?

Ja ▼

◀ Ja Trockenheitsprobleme? → **Zu wenig Wasser**

Nein ▼

◀ Ja Ist die Erde sehr feucht? → **Zu viel Wasser**

Nein ▼

◀ Ja Ist die Pflanze ein Sämling? → **Bei Problemen mit Samen und Sämlingen schlagen Sie auf S. 113 f. nach**

Nein ▼

◀ Ja Ist der Spross angegriffen? → **Bei Problemen mit dem Spross schlagen Sie auf S. 77 f. nach**

Nein ▼

◀ Ja Sind die Wurzeln angegriffen? → **Bei Problemen mit der Wurzel schlagen Sie auf S. 87 f. nach**

Nein ▼

◀ Ja Handelt es sich um eine Topfpflanze? → **Topfen Sie die Pflanze mit frischem Substrat in ein anderes Gefäß um.**

Nein ▼

◀ Ja Welkt nur ein Trieb? → **Baumkrebs, Rotpustelkrankheit, Honigschwamm, Phytophthora-Infektion, physischer Schaden**

Nein ▼

Zu Problemen, die die ganze Pflanze betreffen, schlagen Sie auf S. 103 f. nach

---

Ja ▼

Bei Problemen mit Samen und Sämlingen schlagen Sie auf S. 113 f. nach

Nährstoffmangel ◀ Ja Betrifft die Farbveränderung die gesamte Pflanze?

Nein ▼

Nährstoffmangel, Spinnmilbe, Thrips, Virus ◀ Ja Erscheinen die Blätter gelb gefleckt?

Ja ▼

Wirken die Blätter gelb?

Ja ▼   Nein ▼

Wurden die Blätter angefressen?

Ja ▼

Raupen, Blattsägewespen, Dickmaulrüssler ◀ Ja Wirken die Ränder eingekerbt?

Nein ▼

Raupe, Ohrwurm, Rindenbrand, Wanzen, Thrips ◀ Ja Finden sich Löcher in den Blättern?

Nein ▼

Finden sich Farbflecken auf den Blättern?

Ja ▼

Sind sie rotbraun? — **Nein ▶** — Sind sie schwarz?

Ja ▼ → **Rost, Nährstoffmangel**

Ja ▼ → **Sternrußtau, Brennfleckenkrankheit, Schwärzepilze**

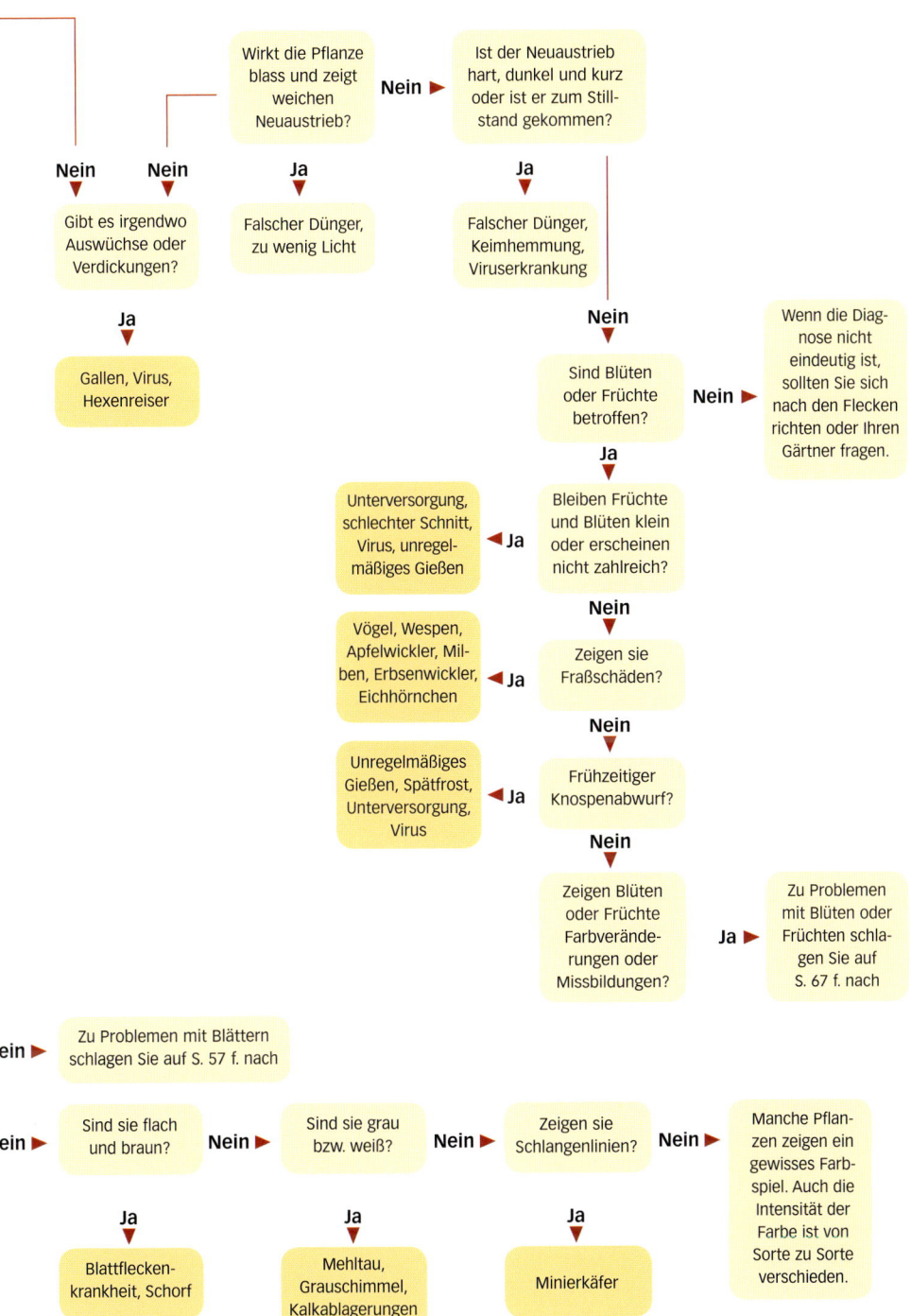

Wirkt die Pflanze blass und zeigt weichen Neuaustrieb?

Ist der Neuaustrieb hart, dunkel und kurz oder ist er zum Stillstand gekommen?

Nein ▶

Nein **Nein**

Ja

Ja

Gibt es irgendwo Auswüchse oder Verdickungen?

Falscher Dünger, zu wenig Licht

Falscher Dünger, Keimhemmung, Viruserkrankung

Ja

Nein

Gallen, Virus, Hexenreiser

Sind Blüten oder Früchte betroffen?

Nein ▶ Wenn die Diagnose nicht eindeutig ist, sollten Sie sich nach den Flecken richten oder Ihren Gärtner fragen.

Ja

Unterversorgung, schlechter Schnitt, Virus, unregelmäßiges Gießen ◀ **Ja**

Bleiben Früchte und Blüten klein oder erscheinen nicht zahlreich?

Nein

Vögel, Wespen, Apfelwickler, Milben, Erbsenwickler, Eichhörnchen ◀ **Ja**

Zeigen sie Fraßschäden?

Nein

Unregelmäßiges Gießen, Spätfrost, Unterversorgung, Virus ◀ **Ja**

Frühzeitiger Knospenabwurf?

Nein

Zeigen Blüten oder Früchte Farbveränderungen oder Missbildungen?

Ja ▶ Zu Problemen mit Blüten oder Früchten schlagen Sie auf S. 67 f. nach

Nein ▶ Zu Problemen mit Blättern schlagen Sie auf S. 57 f. nach

Nein ▶ Sind sie flach und braun?

Nein ▶ Sind sie grau bzw. weiß?

Nein ▶ Zeigen sie Schlangenlinien?

Nein ▶ Manche Pflanzen zeigen ein gewisses Farbspiel. Auch die Intensität der Farbe ist von Sorte zu Sorte verschieden.

Ja

Ja

Ja

Blattfleckenkrankheit, Schorf

Mehltau, Grauschimmel, Kalkablagerungen

Minierkäfer

Glossar

Älchen
Siehe Nematode

Alkalischer Boden
Boden mit einem pH-Wert von über 7. (Siehe auch pH-Wert, Saurer Boden, Kalkhaltiger Boden.)

Anaerob
Ein Organismus, der für den Stoffwechsel keinen Sauerstoff braucht und in sauerstofffreier Umgebung leben kann. Anaerobe Prozesse laufen ohne Beteiligung von Sauerstoff ab.

Anorganisch
Allgemein gesprochen bedeutet das „nicht von Pflanzen stammend", also mineralischen oder synthetischen Ursprungs.

Anthere
Der Teil des Staubbeutels, in dem der Pollen enthalten ist.

Art
In der Pflanzenklassifikation eine Gruppe von Pflanzen, die sich durch ähnliche Merkmale untereinander von einer anderen Gruppe innerhalb derselben Gattung abgrenzen lässt. (Siehe auch Gattung und Familie.) Die Arten innerhalb einer Gattung tragen zweiteilige Namen, zum Beispiel *Malus domesticus*.

Asexuelle Reproduktion
Eine Reproduktion, bei der es nicht zur Befruchtung kommt. Dickmaulrüssler und einige Läusegenerationen können sich asexuell fortpflanzen.

Bakterium
Ein einzelliger Mikroorganismus. Viele Bakterien wirken sich auf die Pflanze positiv aus, andere schädigen sie.

Bakterizid
Eine Chemikalie, mit der man den Befall mit einem Bakterium eindämmen kann.

Befruchtung
Das Verschmelzen eines Pollenkorns (männlich) mit einem Ei (weiblich) zu einem befruchteten Samen.

Begleitpflanzen
Durch Begleitpflanzen kann man den natürlichen Pflanzenschutz vorantreiben. Genaueres finden Sie bei den einzelnen Schädlingen bzw. Krankheiten.

Biologischer Pflanzenschutz
Die Kontrolle von Schadorganismen wird hier auf natürliche Weise versucht, indem man zum Beispiel Fressfeinde einsetzt. Andererseits gehören auch die richtige Standortwahl und die Pflanzenstärkung mithilfe biologischer Mittel wie Ackerschachtelhalmextrakt dazu.

Bio-Pestizid
Das Ausbringen von Fressfeinden, Parasiten oder biologisch abbaubaren Substanzen zur Kontrolle eines Schädlings- oder Krankheitsbefalls.

Blattachsel
Der Ansatz eines Blattes am Spross. Dort entwickeln sich die Seitentriebe.

Bluten
Die Pflanze verliert Pflanzensaft aus einer Öffnung in den Trieben.

Bordeaux-Mischung
Ein Fungizid auf der Basis von Kupfersulfat und ungelöschtem oder gelöschtem Kalk, mit dem man das Ausbreiten bestimmter Krankheiten wie der Kraut- und Knollenfäule bei Kartoffeln verhindern kann. Da die Mischung für Fische giftig und auch für einige andere Pflanzen schädlich ist, sollten Sie sie genau nach Angaben des Herstellers ausbringen.

Borke
Die schützende Zellschicht, die Bäume und verholzende Pflanzen mit allen Ästen und Zweigen überzieht.

Brand
Eine Pilzkrankheit.

Breitbandmittel
Ein Mittel, das gegen mehrere Organismen wirkt.

Callus
Korkiges Wundgewebe, das sich nach Gewebeverletzungen am Wundrand bildet.

Chemischer Pflanzenschutz
Einsatz von synthetischen Fungiziden, Pestiziden, Unkrautvernichtungsmitteln oder Abschreckungsmitteln, um den Garten schädlingsfrei zu halten.

Chlorose
Zu viel Kalk im Gießwasser führt zu einer Schwäche in der Eisenaufnahme und folglich zu einem gravierenden Nährstoffmangel, der sich jedoch leicht beheben lässt.

Chlorotisch
Die Pflanze zeigt Anzeichen von Chlorose.

Einjährige
Pflanzen, die ihren Lebenszyklus innerhalb einer Saison vollenden. (Siehe auch Zweijährige und Stauden.)

Ektoparasiten
Ein Schädling, der an der Außenseite der Pflanze bleibt.

Familie
Eine Kategorie in der Pflanzenklassifikation, die bestimmte, verwandte Gattungen zusammenfasst, welche ähnliche Merkmale aufweisen, zum Beispiel die Familie der Rosengewächse (*Rosaceae*).

Farbvirose
Nennt man das plötzliche Auftauchen sortenuntypischer Farben bei einer Pflanze. Bekannt dafür sind Rembrandt- und Papageientulpen.

Fruchtkörper
Jene Pflanzenteile, in denen die Sporen eines Pilzes enthalten sind.

Fungizid
Ein Pflanzenschutzmittel, das gegen Pilze wirkt.

Gallen
Eine Missbildung, die von der Pflanze infolge von Schadstoffen gebildet wird, die Insekten, Bakterien oder Pilze zurücklassen. Gewöhnlich leben diese in der Galle.

Gattung
Eine Gattung ist ein Begriff aus der biologischen Klassifikation. Die Gattung umfasst mehrere Arten mit ähnlichen Merkmalen. Sie wird stets mit einem Wort bezeichnet, zum Beispiel *Malus*.

Gliederfüßer
Ein Tier mit einem segmentierten Körper, einem Außenskelett und gegliederten Beinen, zum Beispiel Milben, Asseln, Hundertfüßer, Tausendfüßer.

Herbivoren
Pflanzenfressende Tiere.

Herbizid
Ist ein Pflanzenschutzmittel, das gegen Unkräuter wirkt.

Hermaphrodit
Hermaphroditen sind Wesen, die in bestimmten Stadien ihres Lebens sowohl männliche als auch weibliche Geschlechtsorgane besitzen. Dies gilt für Nackt- und Gehäuseschnecken ebenso wie für den Regenwurm. Auch einige Pflanzen haben Stempel und Staubgefäße, sodass sie keine Fremdbestäubung brauchen (falls die Pflanze nicht selbst-steril ist).

Honigtau
Eine süßliche Ausscheidung von Läusen, die von Marienkäfern sozusagen „geerntet" wird. Auf dem Blatt überzieht sie sich manchmal mit Schwärzepilzen.

Hyphe
Die fadenförmigen Zellen eines Pilzes, die sich zu einem Myzel verflechten und den sogenannten „Pilzrasen" formen. (Siehe auch Myzel.)

Imago
Das erwachsene, geschlechtsreife Tier von Insekten, bei denen eine Metamorphose stattfindet.

Immunität
Bestimmte Eigenschaften oder Merkmale, die eine Pflanze für einen Wirt unattraktiv machen.

Insekt
Ein wirbelloses Tier, dessen Körper Kopf, Brust und Hinterleib umfasst. Die Gliederung des Leibes ist deutlich sichtbar. Erwachsene Insekten haben drei Beinpaare am Brustkorb, zwei an den Flügeln. Dies gilt für Nachtfalter, Schmetterlinge, Käfer, Ameisen, Bienen, Wespen, Sägewespen, einige Läuse, Weiße Fliege und Ohrwürmer.

Insektenseife
Ein Präparat auf Mineralölbasis, das gegen verschiedene Insekten wirkt.

Insektizid
Eine Substanz, die Insekten tötet oder den Befall unter Kontrolle bringt.

Integrierter Pflanzenschutz
Kombination der drei Grundpfeiler des Pflanzenschutzes Vorbeugung, Standortwahl, Pflanzenschutz, auch mit synthetischen Mitteln, doch nur wenn erforderlich.

Kahlfraß
Vollkommenes Abfressen der Blätter.

Kalk
Calciumcarbonat, das zu Calciumoxid weiterverarbeitet wurde. Der Anteil an Kalk im Boden bestimmt, wie sauer oder alkalisch er ist. (Siehe Saurer Boden oder Alkalischer Boden.)

Kalkflieher
Eine Pflanze, die einen pH-Wert von unter 6,5 braucht. (Siehe auch Kalkliebende Pflanze.)

Kalkhaltiger Boden
Boden mit einem pH-Wert von über 7. (Siehe auch Alkalischer Boden, Saurer Boden, pH-Wert.)

Kalkliebende Pflanze
Eine Pflanze, die einen pH-Wert von über 7 schätzt. (Siehe auch Kalkflieher.)

Kältekeimer
Diese Pflanzen brauchen Temperaturen unter 2,2 Grad Celsius, damit die Samen keimfähig werden.

Keimhemmung
Die mangelnde Fähigkeit eines Samens, unter optimalen Bedingungen zu keimen.

Knolle
Unterirdisches Speicherorgan einer Pflanze, das aussieht wie eine verdickte Wurzel.

Knospe
Ein Trieb mit einer Verdickung am Ende, in dem neue Blätter oder Blüten sitzen.

Komplementärwirt
Zweite Pflanze, die ein Schädling zur Vollendung seines Lebenszyklus braucht.

Kompost
Organisches Material aus Rinden, Blättern, Pflanzenabfällen, das bei einer gewissen Temperatur verrottet und dann als Bodenverbesserungsmittel ausgebracht werden kann.

Kontaktgift
Eine giftige Substanz, die an der Außenseite der Pflanze aufgebracht und vom Schädling absorbiert wird, wenn er damit in Kontakt kommt.

Larven
Das unreife Stadium von Insekten in der Metamorphose, zum Beispiel die Raupe eines Schmetterlings, die Made eines Käfers. (Siehe auch Imago.)

Latente Infektion
Infektion, die nicht sofort ausbricht.

Laubabwerfend
Eine Pflanze, die am Ende der Saison ihr Laub abwirft, ohne Blattwerk überwintert und im Frühjahr neu austreibt.

Mandibula
Der obere oder untere Teil der Fresswerkzeuge eines Insekts.

Metamorphose
Die Umwandlung von der Larvenform zum Adultstadium, dem geschlechtsreifen, erwachsenen Tier. (Siehe auch Imago.)

Mutation
Eine Pflanzenveränderung, die durch Zufall auftritt.

Mycoplasma
Ein mikroskopischer parasitärer Organismus, der eng mit Viren verwandt ist und dieselben Charakteristika zeigt.

Myzel
Verflochtene fadenförmige Zellen eines Pilzes. Auf dem Myzel wächst der Fruchtkörper des Pilzes. (Siehe auch Hyphe und Fruchtkörper.)

Nährstoff
Ein Mineral (Mineral-Ion), das beim Proteinaufbau hilft und die Pflanze ernährt.

Nekrose
Absterben von Pflanzengewebe.

Nekrotisch
Abgestorbenes Pflanzengewebe.

Nematode
Eine winzig kleine, wurmähnliche Kreatur, die man auch „Älchen" nennt. Sie werden häufig zur Bekämpfung von Schadorganismen eingesetzt, zum Beispiel *Phasmarhabditis hermaophrodita* gegen Schnecken.

Nematozid
Präparat gegen Älchen. (Siehe Nematode.)

Neutraler Boden
Boden mit einem pH-Wert von genau 7 ist weder sauer noch alkalisch. (Siehe auch Saurer Boden, Alkalischer Boden.)

Nitrat
Ein Salz der Salpetersäure, das viel Stickstoff enthält, den Pflanzen brauchen. Daher wird es zur Düngergewinnung benutzt.

Nymphe
Das unreife Stadium einiger Insekten, zum Beispiel bei Läusen und Grashüpfern.

Ovizid
Ein Pflanzenschutzmittel, das die Eier des Schädlings tötet.

Parasit
Ein Organismus, der sämtliche Teile seiner Nahrung aus dem Organismus eines anderen Wesens bzw. einer Pflanze bezieht.

Pathogen
Die Fähigkeit, in einem anderen Organismus eine Krankheit zu erzeugen. Das kann auf Bakterien, Pilze, Viren und Mycoplasmen zutreffen.

Persistenz
Zeit der Wirksamkeit eines Pflanzenschutzmittels.

Pestizid

Ein „Schädlingsbekämpfungsmittel", dessen Bezeichnung fälschlicherweise auch auf Fungizide, Herbizide und Abwehrstoffe ausgedehnt wird.

pH-Wert

Neutraler Boden hat einen pH-Wert von 6,5 bis 7. (Siehe auch Saurer Boden und Alkalischer Boden.)

Pilze

Eine große Gruppe von pflanzlichen Organismen, die ohne Chlorophyll leben kann. Sie ziehen ihre Nahrung aus toter oder lebendiger organischer Materie.

Raupe

Die Larve von Motten oder Schmetterlingen.

Resistenz

Eine Pflanze kann von einem Schädling oder einer Krankheit befallen werden, ohne Schadzeichen aufzuweisen. Umgekehrt können Schädlinge gegenüber den Pflanzenschutzmitteln resistent werden. Dies gilt vor allem dann, wenn sie häufig eingesetzt wurden.

Rhizom

Ein Art „horizontaler Stamm", der sich gewöhnlich unterirdisch ausbreitet.

Rhizomorph

Eine schnurdicke, hyphenähnliche Struktur, die extremen Temperaturen und Feuchtigkeitseinwirkung widersteht. Mit ihr breitet sich der Honigschwamm aus.

Rotenon

Ein Insektizid (auch „Rotenol" genannt), das aus südamerikanischen Hülsenfrüchten *(Derris spp. und Lonchocarpus spp.)* gewonnen wird.

Saprophyten

Eine Pflanze, gewöhnlich ein Pilz, die vom toten Material abgestorbener Pflanzen lebt, lebende Organismen jedoch nicht befällt.

Saurer Boden

Boden mit einem pH-Wert von unter 6. (Siehe auch pH-Wert, Alkalischer Boden.)

Sporen

Die winzigen Reproduktionsorgane eines Pilzes.

Spross

Der Haupttrieb einer Pflanze, gewöhnlich oberirdisch.

Stäuben

Pflanzenschutzmittel in Pulverform ausbringen.

Stauden

Pflanzen, die überwintern und daher Jahr für Jahr aufs Neue wachsen.

Staunässe

In der Erde sind sämtliche Zwischenräume mit Wasser gefüllt, sodass die Luft keinen Platz mehr hat.

Substrat

Eine Erdmischung aus Lehm, Sand und Kompost, in welche die Pflanze eingesetzt wird.

Systemisch

Ein Pflanzenschutzmittel, das von der Pflanze aufgenommen wird. Der Schädling kommt damit nur in Berührung, wenn er die Pflanze frisst. (Siehe auch Kontaktgift.)

Tränken

Boden oder Pflanze reichlich spritzen, dass die Pflanze tropft und der Boden gut durchnässt ist.

Trieb

Der Teil der Pflanze, der die Blätter trägt. Ein Seitentrieb geht wiederum von einem anderen Trieb ab.

Triebspitzenblindheit
Ein Trieb, der keine Endknospe oder einen Wachstumspunkt ausbildet.

Triebsterben
Absterben der Triebe, meist von der Spitze her.

Unvollkommene Metamorphose
Bei der unvollkommenen Metamorphose ändert sich das Aussehen des Tieres in den verschiedenen Entwicklungsstadien nur unwesentlich. Es sieht im Anfangsstadium dem erwachsenen Tier schon recht ähnlich.

Varietät
Eine Pflanze, die im Vergleich mit einer bestimmten Art Abweichungen aufweist. Solche Pflanzen werden häufig für die Zucht benutzt. (Siehe auch Zuchtform.)

Veredelungsstelle
Die Stelle, an der eine veredelte Knospe in das Veredelungsreis eingepasst wird.

Virus
Eine mikroskopisch kleine Lebensform, die einen Wirt infiziert und sich innerhalb seiner lebenden Zellen vermehrt.

Vlies
Ein synthetisches Material aus feinen Fasern, das über die Pflanze gelegt wird, um sie vor Schädlingen oder Kälte zu schützen.

Welke
Ganzes oder teilweises Eingehen der Blätter durch Wassermangel oder Krankheit.

Windschäden
Manchmal bricht auch ein heftiger Wind die Zweige eines Baumes.

Winterruhe
Die Zeit, in der die Pflanze alle Wachstumsaktivitäten einstellt.

Wirt
1. Die Pflanze, von der ein Insekt sich ernährt, um sich entwickeln zu können. 2. Das Tier, von dem ein Parasit sich ernährt, um sich entwickeln zu können.

Wirtsspektrum
Die Reihe von Wirtspflanzen oder -organismen, die einem Insekt als Wirt dienen können.

Wunde
Eine Verletzung am Pflanzengewebe.

Wundversorgung
Wenn Sie einen Baum oder eine andere verholzende Pflanze beschneiden, sollten Sie größere Schnittflächen in jedem Fall mit einem entsprechenden Mittel bestreichen.

Wurzel
Der Teil der Pflanze, mit dem sie Wasser und Nährstoffe aus dem Boden aufnimmt und der die Pflanze verankert.

Xylem
Der sogenannte „Holzteil" der Pflanzen enthält die Leiterbahnen, über die die wichtigsten Nährstoffe transportiert werden.

Zuchtform
Auch „Kultivar" genannt. Die Sorte wurde durch Züchtung gewonnen und nicht durch natürliche Kreuzung. (Siehe auch Varietät.)

Zweijährige
Pflanzen, die ihren Lebenszyklus innerhalb von zwei Jahren vollenden. Im ersten Jahr produzieren sie Wurzeln und Blätter, erst im zweiten Jahr Blüten und Samen. Dann sterben sie ab. Bekannte Zweijährige sind das Vergissmeinnicht und der Fingerhut. (Siehe auch Einjährige und Stauden.)

Zwiebel- und Knollenpflanzen
Diese Pflanzen haben ein unterirdisches Speicherorgan, aus dem sie die Nährstoffe beziehen.

Register